这是一片神奇的土地

自古以来

就是我国南北交通与文化交流的重要区域

文化底蕴十分丰厚……

湖北省南水北调工程
重要考古发现 Ⅰ

编辑委员会

湖北省南水北调工程
重要考古发现　I

◉ 湖北省文物局　主编

文物出版社

目前一项穿越中国南北的大型水利工程
　　　　——南水北调工程正在建设中

湖北省处于南水北调中线水源区
历史文化遗存十分丰富
文物保护工作责任重大

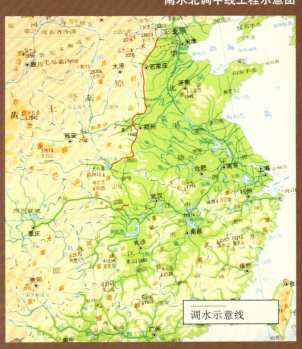

南水北调中线工程示意图

调水示意线

南水北调工程总体规划为东线、中线和西线三条调水线路。通过三条调水线路与长江、黄河、淮河和海河四大江河的联系，构成"四横三纵"为主体的总体布局，以实现我国水资源南北调配、东西互济的配置格局。由于该工程要穿越一些重要的历史文化区域，所以南水北调工程在建设中，采取文物保护先行的作法，以使工程区域内的文物得到全面保护。

湖北省地处长江中游，因在洞庭湖以北而得名，地理坐标为东经108°21′～116°07′，北纬29°01′～33°16′之间。东连安徽，南界湖南、江西，西部与重庆市接壤,北接河南,西北和陕西毗邻，国土面积约18.59万平方公里，约占全国国土总面积的1.94%。

湖北地貌以山地丘陵为主，分为平原、岗地、丘陵、山地四种类型。全省地处北亚热带和中亚热带北段，北部接近我国北亚热带的北界,南跨越中亚热带的北界。处于我国东部季风气候区，属典型的亚热带季风气候，降水充沛，属于湿润带，局部地区甚至属于多雨地带，因而河流水源补给充足，境内以长江、汉江为骨干，接纳了省内千余条中小河流。长江从重庆巫山县入境，横贯全省，至黄梅县出境，长达1061公里。汉江自陕西蜀河口入境，由西北向东南斜贯省内，于汉口汇入长江，长878公里，是湖北第二大河流。

序

　　一个旨在实现我国水资源合理配置的大型调水工程——南水北调工程正在中华大地上破土兴建，这是继三峡工程之后，新的千年中一项令世人瞩目的伟大工程。南水北调的东、中线工程穿越地区正是中国古代文化形成与发展和中华文明繁盛的核心地区，也是我国历史文化遗产分布最为密集的地区，工程建设将涉及的文物点多面广，价值重大，工程建设过程中的文物保护工作时间紧迫、任务艰巨。文物保护工作是南水北调工程的重要组成部分，也是一项浩大的文物保护工程，和南水北调建设工程一样，在有着五千年连绵不断发展史的文明古国中，如何对待工程建设过程中的历史文化遗产保护工作也备受世人关注。

　　我们欣喜的看到，在党中央、国务院的高度重视下，自南水北调文物保护工程开始以来，得到了工程建设部门和工程涉及地区的地方党委、政府的大力支持，全国文物部门在国家文物局的统一领导和部署下，积极行动起来，全面投身到这项规模浩大的文化遗产抢救保护工作中，南水北调工程的文物保护工作已经科学、规范和全面、有序地展开，并已经取得一系列成就。湖北地处南水北调中线工程的水源地，是南水北调中线工程文物保护工作的主战场，多年来，湖北省文物部门在开展三峡工程文物保护工作过程中，积累了一些管理经验，在南水北调工程文物保护工作中，又不断探索新形势下开展大型工程建设文物保护工作的新思路、尝试新的管理运作模式。近年来，湖北省文物部门从南水北调库区文物保护的实际情况出发，克难奋进，与移民部门和工程业主单位通力配合，积极主动地开展工作，在建章立制、规范管理、课题研究、宣传报道等方面都取得了一定成绩。特别是2006年以来，湖北省文物部门在做好抢救性考古发掘工作的同时，率先建设了考古发掘整理基地、整理出版第一本考古专题报告、及时启动综合科研课题的立项工作、成立湖北南水北调博物馆并举办南水北调出土文物展等，已经走在了南水北调文物保护的前列。摆在我们面前的《湖北省南水北调工程重要考古发现 I》一书，图文并茂，及时的向社会公众展示和汇报了湖北南水北调文物保护过程中最新的考古发掘成果和工作进展情况，虽然只是阶段性的，但从中我们不难看到一批重要的文化遗产得到了及时的抢救保护，一些学术课题已经有了重要突破，一系列重要成果和考古新发现令人难忘而又振奋人心。

随着我国经济社会的全面发展，文物保护工作已经成为我国经济建设的重要组成部分，基本建设工程中文物保护工作先行已经成为现代文明工程的一个重要标志，也是我们构建和谐社会的必然要求。文物部门承担着弘扬民族优秀文化的责任，文物工作者是先进文化的体现者。当前，做好南水北调工程建设中的文物保护工作，对于抢救和保护我国悠久的历史文化遗产、传承中华文明和确保南水北调工程顺利实施；对于建设一个文化工程、文明工程和使南水北调工程成为在文化建设上有突出意义的工程都具有特殊意义。更进一步的讲，做好这些工作，对于培育民族精神和爱国主义品格，增强人民的自信心和自豪感，提升民族的凝聚力，促进和谐社会的建设都具有深远的历史意义和重要的现实意义。

在我国经济建设与保护文化遗产走向和谐发展的过程中，文物工作者从事着一项传承文明继往开来的事业，这是我们的荣幸，更是我们的责任。

国家文物局局长　单霁翔
2007年11月

前　言

　　南水北调工程是继三峡工程之后，我国又一项跨地区、跨流域的宏大水利工程，举世瞩目。南水北调工程建设过程中的文化遗产保护工作是南水北调工程中的重要组成部分，守望好人类历史的家园，将祖先留给我们的这份珍贵遗产保护好，并传承下去，是我们的责任……这项工作的好坏与成败关系到我国政府对待文化遗产保护的态度和形象，也是判断南水北调工程是否是文明工程的关键。

　　南水北调中线工程湖北丹江口水库淹没区涉及十堰市下辖的丹江口市、郧县、郧西县、张湾区和武当山旅游经济特区，根据《南水北调中线一期工程可行性研究报告·文物保护规划》，湖北淹没区涉及的文物保护项目共161个，其中地下文物保护项目137个，总勘探面积184.34万平方米，总发掘面积33.34万平方米；地面文物保护项目24个，总建筑面积1.73万平方米。

　　这是一片神奇的土地，自古以来就是我国南北交通与文化交流的重要区域，文化底蕴十分丰厚……

　　这里蕴藏有人类发祥的足迹。"郧县人"、"郧西人"的发现，成为人类起源和中国现代人起源、发展的重要资料，伴生的各种石器兼具中国南北石器工业的双重特点，手斧的发现更是突破所谓东亚无手斧的传统认识。

　　这里显露着文明初现的曙光。新石器时代黄河、长江流域的文化势力此消彼长。郧县青龙泉及大寺遗址仰韶文化、屈家岭文化、石家河文化的更替，正是这种南北文化交汇、融合与发展的见证，显现出中华文化多元一体格局形成的脉络，开启了中华文明起源的步伐。

　　这里延续了三代文明，发楚文化之滥觞。夏商周三代是中国文明形成的重要阶段。郧县辽瓦店子等遗址发现的大量夏商周时期的遗迹遗物，填补了该地区历史文化的空白，初显早期楚文化的部分端倪。郧县乔家院春秋楚墓、丹江口北泰山庙战国墓葬及大型陪葬坑为探索诸国历史文化关系提供了弥足珍贵的考古资料。

这里承袭有汉唐之繁盛与辉煌。秦汉一统，中华文明进入一个新的时代。秦汉至明清时期的众多遗迹遗物，折射出秦汉以来有关社会政治、经济、民俗民风的大量信息。唐代京畿之外唯一的皇室家族墓地——郧县李泰家族墓，是唐王室政治斗争的重要历史见证。

明代北建故宫南修武当，成就了世界文化遗产——以武当山古建筑群为代表的武当文化，这里又独享着武当之玄妙与博大恢弘……

在国务院南水北调办公室、国家文物局、湖北省人民政府的正确领导和省移民局、省南水北调办公室、南水北调中线水源有限公司等单位的大力支持下，在十堰市及下辖的5个县区地方政府、文物部门的大力配合下，湖北省文物局根据"保护为主，抢救第一，合理利用，加强管理"的文物方针，于2005年开始先后组织了全国26家科研院所和大专院校的考古工作者，深入南水北调淹没区，对地下文物进行了大抢救，取得了一系列重要考古发现，大批重要文化遗产得到妥善保护。特别是大量重要考古成果的取得，不仅为研究中华多元一体格局的形成和中华文明的进程提供了十分珍贵的实物资料，而且对于促进和谐社会的建设具有重要意义。

《湖北省南水北调工程重要考古发现Ⅰ》一书选择了2006年我们组织开展的南水北调工程库区抢救性考古发掘工作的一部分文物点，按行政区域和时代顺序，把一年多来的考古收获向社会各界做一汇报，尽管篇幅有限，有些工地的资料尚未来得及进行系统整理，但呈现在我们面前的一系列最新考古发现和件件文物瑰宝中反映和传递出的丰厚文化底蕴与文明信息依然可窥见一斑。

编　者
2007年11月

目　录

湖北省南水北调工程文物保护工作大事记 (2003～2007年)

扬帆启航　任重道远
——2004～2006年湖北南水北调文物保护工作综述

　　南水北调工程是继三峡工程之后，我国又一项跨地区、跨流域的水利工程，该工程将分东线、中线和西线三个部分进行。南水北调中线工程的输水线路将从荆楚文化遗存富集的丹江口库区，向北穿过夏商文化鼎盛的中原沃土、燕赵文化繁茂的京冀大地，这是一个穿越中华文明腹地的浩大工程，不可否认的是这项工程涉及的文化遗产的保护工作是我国目前为止涉及面最广、涉及文化遗产区最丰富、文物保护规模最大、文物保护任务最重的文物保护工程，世所瞩目。

　　湖北地处南水北调中线工程水源地，淹没区涉及湖北省十堰市下辖的丹江口市、郧县、郧西县、张湾区、武当山旅游经济特区。根据《南水北调中线一期工程可行性研究报告·文物保护规划》，丹江口水库淹没区涉及湖北的文物保护项目共161个，其中地下文物保护项目137个，地面文物保护项目24个。保护这些不可再生的珍贵历史文化遗产，是我们肩负的历史责任。2004年以来，湖北省文物局为切实做好南水北调工程文物保护主要做了以下几方面的工作：

一　强化规范管理，确保有关工作的有序进行

　　为加强对南水北调文物保护工作的管理，2006年湖北省文物局、移民局、南水北调办公室联合下发了《湖北省南水北调工程文物保护工作管理办法》，在考古发掘、地面文物保护、资料管理、经费管理等方面提出了具体管理办法；2007年为规范南水北调文物保护经费的管理和使用，省文物局与省移民局专门制订了《湖北省南水北调中线工程丹江口水库文物保护经费使用管理办法（试行）》；为建立健全湖北省南水北调工程文物保护应急管理体制和工作机制，省文物局专门制定了《湖北省南水北调中线工程文物保护应急预案》，聘请中国文物研究所为综合监理单位，并制定了《湖北省南水北调中线工程文物保护考古发掘项目

监理试行办法》，第一次对考古发掘项目实施综合监理制度；为保证考古发掘工作质量，实行了项目专家评估和现场验收确认制度，省文物局下发了《湖北省南水北调中线工程文物保护项目验收办法》；为加强文物信息管理，省文物局与华中师范大学联合研发了《湖北省南水北调工程文物保护信息管理系统》；为确保出土文物得到安全有效的保管、整理、研究和暂存，省文物局在丹江口市、郧县分别设立了南水北调丹江口市、郧县文物整理基地，转发实行了文物整理基地管理办法。上述一系列管理制度的建立健全，确保了湖北省南水北调工程文物保护工作的目标明确、管理规范、程序严谨，收效显著！

二　突出课题意识，确保考古发掘工作的质量

围绕学术课题开展工作和进行学术研究是提升文物保护水平的重要途径，也是确保考古发掘工作质量的前提。为此在规划阶段我们就结合该区域文物资源的情况，提出了人类起源与演化研究、汉水中游地区早期新石器时代文化探索、楚文化的形成与发展等十几个学术课题研究方向。在文物保护工作过程中，我们坚持做到围绕课题组织有关单位开展工作。从2004年下半年开始，围绕汉水上游地区汉唐墓葬研究课题，垫支经费组织有关单位抢先对淹没区内郧县老幸福院墓群进行抢救性勘探、发掘工作，共发掘清理墓葬100余座。2006年底正式出版南水北调东中线第一本考古专题报告《郧县老幸福院墓地》；2006年9月湖北省文物局在武汉召开了"全国支援南水北调工程湖北丹江口库区考古工作会议"。中国社会科学院考古研究所、南京大学、陕西省考古研究院等26家具有考古发掘团体领队资质的科研单位参加了会议。会后我们有目的地结合课题研究安排考古发掘项目，计划组织有关单位组成中心课题组，结合实际工作开展综合课题研究；2007年5月，我们专门召开了"南水北调湖北库区2006年考古工作汇报暨课题研究讨论会"，会议及时总结和梳理了近年来重要考古发现和考古学研究新线索，正式研讨并确立了南水北调湖北库区科研课题方向与内容，理清了课题思路，强化了课题意识。2007年8月正式发出《湖北省文物局关于开展南水北调文物保护课题研究工作的通知》，要求各项目承担单位，结合项目开展情况申报课题，并将组织国内有关方面专家进行评议确定一批课题，资助立项开展研究工作。提倡在工作中开展多学科研究和进行联合攻关，一些单位在工作中邀请有关方面专家开展了孢粉、同位素分析；开展汉水上游古动物群综合研究；开展铜器产地、铜器金相分析研究等等。通过上述工作，大家工作的目的性、学术性进一步明确，避免了为完成任务而工作的短期行为，考古发掘工作的质量有了不断提高。

三　狠抓工作重点，确保遇真宫得到科学保护

武当山遇真宫是南水北调工程涉及的唯一一处世界文化遗产，建于永乐十年（1412年），由宫墙环绕的中宫、西宫和东宫三部分构成，占地面积约45亩，现存建筑面积1459平方米。遇真宫1959年被公布为湖北省文物保护单位，1994年被列入世界文化遗产名录。为重点做好遇真宫的保护，2004年以来我们在围堰保护方案的基础上提出了搬迁、抬高保护方案，并根据国家文物局的要求，先后组织清华大学文化遗产保护研究所开展了三种保护方案的比选。2005年12月组织湖北省文物考古研究所对遇真宫西宫遗址进行了全面发掘，发掘面积达9500平方米。比较完整地揭示出西宫的建筑遗迹，发现有房址、影壁、水井、道路、排水沟、院落等遗迹，出土了一批珍贵文物，基本明确了西宫建筑的布局、特点与内容，第一次全面揭露了遇真宫明代建筑的总体布局。发掘所揭示的遇真宫西宫建筑规模庞大，遗迹丰富，遗迹之间的关系复杂，较好的保存了明清时期的建筑布局和结构，为遇真宫保护方案的科学论证和最终确定提供了考古依据。在考古清理工作基础上又组织陕西省古建筑研究所、长江勘测规划设计研究院、清华大学文化遗产保护研究所及北京清华城市规划设计研究院等单位分别就搬迁、围堰、抬升三种方案进行了完善和细化，并进行了省内评审等工作。2006年7月，提交国家文物局组织有关方面专家对遇真宫三种保护方案进行了论证。

四　加强正面宣传，确保南水北调的宣传导向

几年来，我们始终坚持对南水北调工程文物保护工作进行正面的宣传报道，以期引起人们对南水北调工程文物保护工作的关注，唤起全社会的文物保护意识。2004年以来先后在中国文物报上发表专栏文章《南水北调文物保护工作·湖北篇》和湖北南水北调文物保护工作专版，并与沿线各省共同撰写《穿越历史与现实——南水北调工程的文物保护工作》在《中国文化遗产》刊登，全面介绍南水北调中线工程丹江口淹没区文物的重要价值和可能解决的一些学术课题以及将要采取的文物保护措施和手段。积极配合中央电视台对丹江口库区乔家院墓群、北泰山庙墓群考古现场进行全面报道，同时组织光明日报、瞭望周刊、新华社、中

国文物报、湖北电视台、湖北日报等多家媒体记者深入丹江口库区采访报道文物保护工作。2006年9月，在国家文物局组织的文物保护世纪行——南水北调文物保护大型宣传活动中，湖北省文物局向中央电视台、人民网等媒体全面汇报了南水北调工程文物保护工作进展和阶段性成果，加大了对南水北调中线工程丹江口水库淹没区文物的正面宣传工作。2007年6月湖北省人民政府正式批准在十堰市博物馆加挂湖北南水北调博物馆的牌子（鄂政函[2007]95号），这是国内目前唯一一个以南水北调命名的博物馆，2007年7月1日湖北南水北调博物馆正式对外开放。同时举办了"湖北省南水北调出土文物展"，共展出文物精品259件套（共309件），这是南水北调工程正式开工以来，文物部门献给南水北调工程和广大观众的一份特殊的文化贺礼，这个展览的及时和成功的举办取得了很好的社会反响。

五　狠抓工作落实，考古发掘取得阶段性收获

2006年10月以来，我们在第二批控制性项目的基础上，结合库区实际积极开展工作，共有16家单位进入湖北省丹江口库区进行田野发掘工作，承担的项目共计37处。截止到2007年5月底，湖北省南水北调工程考古发掘项目共完成勘探面积372.72万平方米，发掘面积7.2563万平方米，共发掘清理了房屋、灰坑、墓葬、窑、灶等遗迹2838处，经初步整理统计，获得陶、瓷、铜、玉、骨、石等不同时代、不同质地的重要文物14000余件，取得了丰硕的成果：

旧石器时代是人类历史的发端。在郧县尖滩坪、丹江口双树等旧石器点发现的更新世中后期的手斧，代表了比较先进的加工方式，整个工具组合所表现出的类型与内涵十分丰富，为探讨和研究"郧县人"的生活环境及其旧石器工业文化的性质与内涵提供了必要的补充资料，对探索古人类的认知能力提供了有力的证据，对中西方旧石器时代手斧的对比研究具有重要科研价值。

新石器时代黄河、长江流域的文化势力此消彼长。在郧县大寺遗址发现的彩陶、小口尖底瓶等半坡文化遗物说明这一地区从新石器时代仰韶时期开始就与汉水上游的关中地区有着密切联系；在郧县青龙泉遗址发现的屈家岭文化、石家河文化居址及墓葬对研究该地区新石器时代晚期的社会结构、聚落形态具有重要学术价值，遗址内仰韶、屈家岭、石家河文化三叠层，使人们对丹江口库区新石器时代文化发展序列以及江汉地区与中原、关中史前文化的相互关系有了基本认识，完善了该地区新石器时代考古学文化序列。此外，郧县小店子遗址、郭家院遗址，丹江口南张家营遗址、彭家院遗址均发现大量新石器时代晚期遗存。这一系列新石器时代遗存的发现，说明作为汉江通道要塞的鄂西北地区，从新石器时代开始就已经拥有高度发达的文化发展水平，是中国南北、东西文化交汇、融合的必经之路。

夏商周三代是中国文明形成的重要阶段。郧县辽瓦店子遗址、丹江口熊家庄遗址出土了大量夏、商、周时期的遗迹、遗物，且有很多东西都是首次发现，填补了这一区域文化发展的空白，续建起汉江上游区域文化发展序列的标尺。研究表明，该地区夏代至西周时期的遗存在不同时期体现出不同的文化面貌，时而具有明显的自身特点，时而又与中原或陕东南的同时期文化体现出不同程度的一致，勾画出该地区自夏代至西周时期不同文化之间交流、碰撞、融合的轨迹，文化发展序列完整，为探讨该地区自身文化的发展及与周邻文化的关系提供了重要线索。在郧县乔家院墓群，发掘清理出的4座高规格的春秋楚墓，都有随葬品，且都以随葬青铜器为主，四座墓葬共出土青铜器71件，其中成组青铜礼器36件，部分青铜器上发现有铭文，对研究青铜器的国属及物主有重要意义。这是迄今为止在鄂西北地区首次批量发现不同质地的春秋器物群。该墓群还普遍发现有殉人葬俗，是湖北省首次发现的春秋殉人墓地，对研究春秋人殉制度有着重大的学术价值。在丹江口北泰山庙墓群不仅发现大批楚墓，出土了大量精美的铜、玉器，还发现两座大型陪葬车马坑，长度均在10米以上，宽4米，其中2号车马坑发现5车15匹马，4号车马坑发现3车6匹马。此外在郧县辽瓦店子遗址、瞿家湾遗址、郭家道子遗址，丹江口市牛场墓群、熊家庄遗址、吴家沟墓群、小店子遗址，张湾区方滩遗址、大东湾遗址均发现了大量楚文化遗存，为研究楚文化的来源和发展提供了重要线索。

秦汉一统，中华文明进入一个新的时代。在郧县龙门堂遗址发现一个完整的汉代院落遗址，共发掘清理出17座房屋和长度达60米左右的大型院落围墙，其中最大的房址面阔40余米，进深7.5米左右，同时发现大批婴幼儿瓮棺墓葬，对于研究汉代地方豪强的经济与文化、社会习俗提供了重要线索；丹江口市八腊庙墓群、郧县老幸福院墓群发掘清理了大批汉代墓葬，分布密集、形制各异、砖纹精美，对研究该地区汉代经济状况、生活习俗、丧葬制度具有重要意义，其中八腊庙墓群新发现一种独特的筑墓方法，即平面上排水沟与墓葬不相连接，而是采用掏洞进入墓坑的方法，为研究鄂西北地区墓地的营建方略提供了新资料。此外，丹江口市小店子遗址、莲花池墓群均发现大量秦汉时期遗迹、遗物。唐代京畿之外唯一的皇室家族墓地——郧县李泰家族墓地，是唐王室政治斗争的重要历史见证。唐太宗李世民三子李泰的家族墓地，是目前发现的唐代京畿之外唯一的一处皇室家族墓地，其系统勘探与发掘将继李泰、阎婉墓发掘清理之后，为研究唐代政治、经济文化提供大量实物资料。目前该处墓地的发掘尚在进行中，随着工作的深入，相信会有不少重要的收获；明代大修武当，成就了世界文化遗产——以武当山古建筑群为代表的武当文化。2005年12月对遇真宫西宫遗址进行的全面发掘，第一次全面揭露了遇真宫明代建筑的总体布局，发掘所揭示的遇真宫西宫建筑规模庞大，遗迹丰富，遗迹之间的关系复杂，较好的保存了明清时期的建筑布局和结构，为遇真宫保护方案的科学论证和最终确定提供了考古依据。郧县瞿家湾遗址发掘清理了清代多间套合的房屋基址，建筑群内出土铜钱较多，反映了当地经济交流的盛况。库区大批宋、元、明、清时期墓葬的发掘与清理，为研究该地区不同时期的埋葬制度、丧葬习俗和丧葬文化的发展演变提供了丰富的实物资料。

　　从2004年下半年湖北省文物局组织开展丹江口库区部分重点遗址的抢救性考古发掘，到现在转瞬间已经过去了三年的时间，从2006年9月在武汉召开的"全国支援南水北调工程湖北丹江口库区考古工作会议"开始，到目前湖北省南水北调库区文物保护工作全面展开也已经走过了一年多的时间，而距2010年丹江口大坝加高后正式蓄水已经不足3年了。我们的工作虽然已经展开，但仍然面临着诸多的困难和考验，文物保护规划迟迟未批、抢救文物的宝贵时间一天一天的逝去……在这样一个特殊的时间里，我们选择一批重要文物点，组织编辑了《湖北省南水北调工程重要考古发现Ⅰ》一书，是想冷静的回味和思考一下过去的工作，向社会公众汇报我们工作的收获，并整理一下今后工作的思绪，不论困难多么多，文物工作者对保护历史文化遗产依然保持着火热的激情。我们已经做好了充分准备，湖北的南水北调文物保护工作已经扬帆启航，但我们深知任重而道远。

撰稿：王凤竹　杜　杰

丹江口市

丹江口市地处汉江中上游，位于十堰市东南部，是汉江平原与秦巴山区的结合部，境内有丹江口水库。汉江自西北向东南横贯，将市区自然划分为江南、江北两个区域，长约105公里。全市国土面积3121平方公里。

根据南水北调工程文物保护总规划，丹江口市共涉及文物点57处，其中地下文物点49处，涉及普探面积161.3万平方米，重探面积1.5万平方米，发掘面积17万平方米；地面文物点10处，涉及建筑面积9183平方米。

丹江口双树旧石器点

◎ 中国科学院古脊椎动物与古人类研究所

  丹江库区域属于中国的南北过渡地区，蕴藏着大量珍贵文物。1989年，在距双树旧石器地点约百里之遥的郧县发现了著名的"郧县人"遗址。这一发现不仅使该地区备受世人瞩目，同时也表明很早以前古人类就在汉水流域繁衍生息，他们也定会在此留下更多有价值的文化遗物。随着南水北调中线工程的施工，水库大坝的增高势必要淹没大量的含古脊椎动物化石的地层和古人类文化遗址。为抢救珍贵的古人类、旧石器和古脊椎动物化石材料，1994年和2004年长江水利委员会特委托中国科学院古脊椎动物与古人类研究所对丹江口水库淹没区旧石器、古人类与古脊椎动物遗址和地点分别进行了全面的调查和复查，并制定完成了相应的文物保护规划。到目前为止在丹江口水库区域已发现88处旧石器遗址和12处古脊椎动物化石地点，双树旧石器遗址就是在2004年的复查工作中发现的。

  2006年11月～2007年1月，中国科学院古脊椎动物与古人类研究所南水北调双树考古队，根据湖北省文物局南水北调文物保护工作领导小组办公室的工作安排，对丹江口市双树旧石器时代遗址进行了抢救性考古发掘。本次发掘中出土了一批重要文物，取得了重大考古

遗址全景

发掘现场

收获。

　　双树旧石器遗址位于汉水右岸三级阶地，行政隶属丹江口市均县镇，地理坐标为东经111°07′19″，北纬32°40′24″。遗址的分布面积是4000平方米，此次抢救性发掘面积为1500平方米，出土文化遗物900余件。初步确定遗址的地质时代为中更新世，距今大约80万年，考古学年代为旧石器时代早期。

　　考古队在进驻丹江口库区之后，首先组织人员对遗址附近的地质地貌以及文化遗物的分布状况进行了一次更为细致深入的野外调查和探勘工作。在这次调查工作中，于此区域的地表以及近地表的地层中发现了为数不少的石制品，其中也不乏手斧工具的出现。在此基础上我们有针对性地选择了一处重点发掘区域。

　　为了保证科学、全面地提取遗址的考古资料与信息，考古队不仅制定有详细的发掘计划和野外工作规章制度，而且在队伍人员组成、业务分工等方面都做了具体而细致的安排和调配，并在选定的重点发掘区域内布置了一个南北长45、东西宽1.5米的探沟，以便更清楚地了解遗址的地层状况以及石制品的分布情况。在基本掌握遗址的文化概貌之后，我们按国际通用旧石器遗址的布方方法，沿地形走势布设了64个4米×4米的探方，从西向东、从南向北依顺序编号。为了对遗址进行测年和古环境的研究，在遗址的西侧又进行了发掘，部分探方发掘到了基岩。在发掘每件标本时，我们都要进行三维坐标的测量、标识最高点和指北方向。

　　从文化遗物出土情况来看，双树旧石器遗址的石制品有备料、石锤、石砧、石核、人工石块、石片(裂片、断片、碎屑)、刮削器、砍砸器、尖状器、手镐、薄刃斧和手斧等类型。加工重型石器的素材主要是用硕大的河卵石，其岩性主要为硅质灰岩、石英岩和砂岩等。加工轻型工具的素材主要采用石片，其岩性主要是脉石英。该遗址石制品的打片技术主要采

省文物局专家组检查验收工地

发掘现场

用锤击法，偶尔使用碰砧法和砸击法，因此也有部分两极石核和石片的出现。锤击交互方式打片和锤击交互加工石器是这一时期旧石器工业加工的特点。石器第二步加工比较粗糙，但器形比较规整。绝大多数的石制品都保留有砾石面。这些特征与汉水流域旧石器时代早期的文化特征很相似，属我国南方砾石石器工业传统。

此次发掘值得关注的是在A区发掘时，从地层中发现一批精致的手斧和手镐，这些标本可与非洲和欧洲旧石器文化进行对比研究。此外，在B区发掘的探方中，发现有反映人类行为活动的遗迹和遗物。出土了2件硕大的石砧，其中砂岩的石砧上面有人工打制石器形成的坑疤痕迹，在石砧的周围还发现了一些石核和石片。在硅质灰岩的石砧上面保留有可能是人工肢解动物产生的条形痕迹。

手斧是一类用结核、粗砾或大石块两面打制的重型工具，呈梨形或椭圆形，一端尖薄，一端宽厚，并且有一定的打制程序，故被称为人类最早的标准化工具。手斧工具在研究旧石器文化方面具有很高的学术价值，被学者们认为是研究直立人与早期智人的计划性、认知性、心智发育水平的特殊石器类型。手斧常见于欧洲、非洲旧石器时代初期遗址中，被看作是那里旧石器初期文化一种最有特色的工具。东亚、南亚过去少见手斧，即使有也未获认可，于是人们心目中渐渐形成这里缺少手斧的印象。20世纪40年代，莫维斯（H.L.Movius）在这种印象的基础上提出了"两种文化传统"的理论，认为在旧石器时代初期世界的东方与西方存在两个不同的文化圈，

石英砸击石片
（左至右：HB–DJ–SS–188、419、160、84）

石英岩手斧(正)　　　　　石英岩手斧(背)　　　　　　石英石核
(HB-DJ-SS-244)　　　　　(HB-DJ-SS-244)　　　　　(HB-DJ-SS-129)

石英刮削器
(HB-DJ-SS-513, HB-DJ-SS-199)（左→右）

石英砍砸器
(HB-DJ-SS-514)

即东方是砍砸器文化圈，西方是手斧文化圈。这一理论影响深远，虽然一些研究者先后指出中国和东亚、南亚其他地方发现手斧的事实，但时至今日，不少人仍旧从"两种文化传统"的概念出发看待东亚、南亚旧石器文化以及东、西方旧石器文化关系。近年来，在中国南、北方一些旧石器遗址中都有手斧发现，特别是汉水两岸阶地堆积物中，如双树等旧石器早期遗址中大量手斧的出土，无疑是对"两种文化传统"理论的有力反击，对中、西方旧石器文化的研究具有重要的意义。

双树旧石器遗址的发现为探讨和研究"郧县人"的生活环境及其旧石器工业文化的性质与内涵提供了必要的补充资料。在探方地层中出土的精致手斧，为探索古人类的认知能力提供了有力的证据，对中西方旧石器时代手斧的对比研究具有重要的价值。大量文化遗物的出土也表明，在旧石器时代早期，古人类在汉水流域的活动比较频繁。这些资料对研究我国南、北旧石器时代文化同样具有重要意义。

目前我们正在对遗址的石制品进行统计分析，对遗址的样品做年代测定和古环境研究工作。随着丹江口库区旧石器时代遗址抢救性发掘工作的不断展开，必将会有一批新的考古发现，这将会使得该地区旧石器文化研究更加深入。

撰稿：李超荣　张双权

丹江口彭家河旧石器点

◎ 中国科学院古脊椎动物与古人类研究所

考古人员测量标本位置（东南－西北）

　　彭家河遗址位于丹江口市土台乡彭家河村三组，地理位置为东经110°14′04″，北纬32°39′04″，海拔143～155米。该遗址于1994年11月19日由中国科学院古脊椎动物与古人类研究所南水北调工作队发现，2004年10月19日，该队进行了复查并确认遗址的基本信息，遗址分布面积在5万平方米以上。2006年，规模宏大的南水北调中线丹江口库区考古发掘正式开始，同年11月～2007年1月，受湖北省文物局南水北调办公室的委托，中国科学院古脊椎动物与古人类研究所对彭家河旧石器遗址进行了抢救性发掘。发掘工作历时50天，揭露面积600平方米。

B区遗址外景（东南－西北）

汉水流域（库区两岸）在彭家河一带发育四级河流阶地。第一级阶地为堆积阶地，目前已被水淹没，该级阶地与河漫滩过渡，高出水库修建前河床10米以下。堆积物以黄色砂质粉砂为主，下部堆积少量砾石。第二级阶地为堆积阶地，阶地面海拔在140米以下，高出水库修建前河床15米左右，高出目前库区枯水位5米以内。堆积物主要为黏土质粉砂，下部沉积少量砾石。第三级阶地为基座阶地，阶地面海拔在167米以上，高出目前枯水位25米以上。阶地基座为前寒武系板岩、绢云片岩、千枚岩。堆积物由砾石层和红黏土组成，厚度达20米以上。第三级阶地在两岸分布广泛，被后期流水侵蚀而多呈垄岗状，目前大多数农田和居民点均分布在该级阶地上。第四级阶地为基座阶地，阶地面海拔在195米以上，高出目前枯水位55米以上。阶地主要由基座和上浮零星砾石组成，阶地基座与第三级阶地一致，缺少细颗粒堆积物。该级阶地呈丘陵状绵延连续分布。

A区发掘现场（西—东）

B区发掘现场（西南—东北）

彭家河遗址埋藏于汉水右岸第三级阶地内，遗址保存完好，地貌部位清楚，地层明确。阶地堆积物主要由砾石层和红色黏土组成，地层剖面由上至下依次为：

1.灰黑至土灰色耕土层，粉砂质黏土，局部夹零星小砾石，结构疏松。厚0～0.5米。

2.土黄色至褐红色黏土，钙质结核发育。结构致密，胶结坚硬，柱状节理发育。与下伏地层过渡接触。含石制品。厚3～5米。

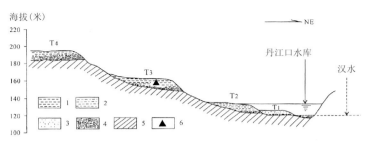

丹江口库区彭家河一带汉水流域阶地剖面图

1.黏土　2.粉砂质黏土　3.粉砂

4.砂砾　5.基岩　6.石制品

3.棕红色至褐红色黏土，土质坚硬，局部发育柱状节理，节理空隙内局部充填黑色粉砂，呈垂直状展布。红黏土下部夹有土黄色细粉砂。与下伏地层呈过渡接触。含石制品。厚4~6米。

4.土黄色至褐黄色粉砂质黏土，柱状节理弱，硬度较上覆地层小。层内局部发育水平层理。与下伏地层不整合接触。含零星石制品。厚3~5米。

5.砾石层，砾石成分复杂，砾石分选较差，磨圆好。砾石成分以石英砂岩、石英岩、火山碎屑岩为主。砾石个体大小不一，一般砾径为5~15厘米，最大可达30厘米以上。砾石磨圆度多以次圆状和圆状居多。砾石层砾径下部大于上部，局部呈叠瓦状排列，砾石层内夹大量砂和粉砂，底部覆盖于基岩之上。与下伏地层角度不整合接触。厚3~6米。

6.基岩，岩性为灰色板岩、绢云片岩、千枚岩。未见底。

彭家河遗址一带的第三级阶地为垄岗状，在发掘前期，发掘队员对遗址地层发育和标本分布及地层出露情况进行了详细的考察，决定在标本出露丰富区域进行发掘。考虑到标本在地层的不同高程均有出露，因此发掘队员将发掘区分为A、B、C、D四个区(面积分别为300、100、100、100平方米)，分别从上至下按不同高程控制地层，以便最大限度揭露标本在地层中的分布状况。布方严格按考古规程进行。共布置5米×5米探方32个，面积600平方米。探方最浅1.4、最深2.5米，平均深度1.7米，控制地层厚度达10米以上。在发掘过程中每个探方以0.1米厚度为一个水平层，逐层向下发掘，对出土遗物保持原始状态，并进行三维坐标测量和产状测量，同时进行出土标本和地层剖面的绘图、照相、摄像和记录等。发掘显示，石制品主要分布于红黏土中，红黏土从上至下依次为含钙结核红黏土、棕红色黏土和棕黄色粉砂质亚黏土。

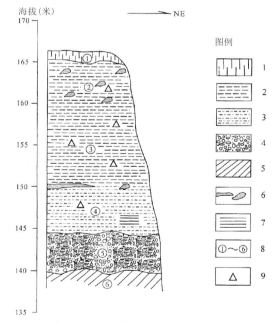

彭家河遗址地层剖面图

1.耕土地　2.黏土　3.粉砂质黏土

4.砂砾　5.基岩　6.钙质结核

7.水平层理　8.地层编号　9.石制品

发掘表明，石制品从上至下均有分布，但主要分布于棕红色黏土层中且比较分散。出土标本264件，其中石制品184件，砾石(可能为古人类加工石制品的备料)80件。石制品类型为石核37件、石片39件、残片28件、石器25件以及断块55件等。个体以大型和中型居多。原料取自阶地底部磨圆度较高的河卵石，其中石英砂岩比例最高，其次为粉砂岩和石英岩。石核以单台面为主，多数石核尚有进一步剥片的余地，剥片利用率低。石片多为初级剥片石片，剥片技术为锤击法。石器类型包括14件砍砸器，8件手镐，3件刮削器。石器毛坯以砾石居多，古人类多采用锤击技术直接加工石器，加工简单。石制品面貌显示南方砾石石器工业特点，地貌和地层对比初步表明古人类活动的三级阶地形成于中更新世晚期，旧石器时代早期。

发掘工作显示，彭家河遗址石制品的平面分布范围广，发掘区内外上万平方米都有标本出露，在发掘过程中，发掘队员还采集了部分标本，其中包括2件手斧。石制品分布的相对深度达10米以上，但石制品的数量相对较少，且没有集中分布的现象，说明彭家河遗址并非古人类的集中活动区，可能是古人类的临时活动区，且在此区域的活动时间较长。石制品中石核、石片和断块较多，而石器较少，且多为重型，可能与古人类活动的性质有关。一定数量的砾石与石制品伴生表明丰富的原料也是导致古人类对石器仅进行简单加工的原因之一。石制品的风化和磨蚀程度轻微，表明石制品没有经过长距离的搬运和较长时间的暴露。在室内整理过程中，发掘队员对石制品进行了拼合研究，共获得两个拼合组：第一组为3件石片拼合组，在地层出露和发掘过程获得，分布在不同探方和地层深度内；第二组为1件手镐、1件石片和1件残片拼合组，分布于不同的探方中。这表明该遗址为原地埋藏类型。总之，该遗址应为一处古人类活动场所，古人类在该遗址进行简单的石器加工。

彭家河遗址所处的汉水流域地处我国南北气候过渡地带，该地区是早期人类活动和

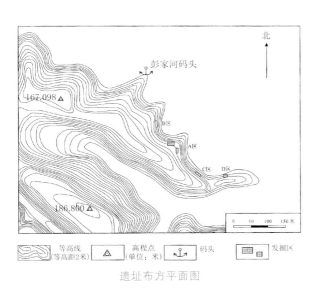

遗址布方平面图

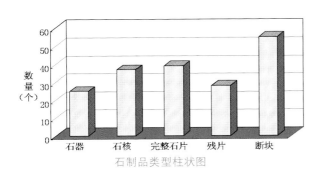

石制品类型柱状图

采集石手斧（左→右）
(D-PJH（C）001、D-PJH（C）002)

出土石核（左→右）
(D-PJH089、D-PJH062)

出土石砍砸器
1.D-PJH006 2.D-PJH010 3.D-PJH012 4.D-PJH240

出土石砍砸器（左→右）
(D-PJH117、D-PJH028)

出土石手镐（左→右）
(D-PJH226、D-PJH102)

出土石手镐（左→右）
(D-PJH007、D-PJH011)

南北古文化交流的重点地区。彭家河遗址的发掘丰富了早期人类在汉水流域的活动区域，对于研究早期人类于中更新世晚期在汉水流域的生产和生活方式、生存模式以及与自然环境的关系都具有重要的意义。

撰稿：裴树文　关　莹

丹江口彭家院遗址

◉ 湖北省文物考古研究所

彭家院遗址位于丹江口市六里坪镇蒿口村一组（彭家湾）。遗址东依老虎山，西南抵大桥河，东北距蒿口村三组（杨家粉场）约300米。遗址中心的地理坐标为东经111°02′35.75″，北纬32°31′20.53″，海拔159～168米。

为配合南水北调工程，做好淹没区的文物保护工作，2006年11月，湖北省文物考古研究所组织考古工作人员，对彭家院遗址进行了全面的考古调查、勘探、测量，并进行了部分发掘工作。使用全站仪测绘了(比例1∶500)遗址地形图，并使用全站仪进行布方，布50米×50米的勘探大方14个，勘探孔距为10米×10米，勘探出遗址现存面积约1万平

H17（南—北）

方米。根据勘探情况，我们选择在遗址东南部的边缘地段布5米×5米的发掘探方80个，实际发掘78个，发掘面积1950平方米。发掘表明遗址保存情况不好，文化堆积较薄，多呈块状分布，文化层简单，共分三层。

第1层为表土层。一般厚约0.15～2米。包含有少量新石器、东周陶片和现代瓷片。第2层为东周文化层。一般厚约0～0.2米。此层主要见于发掘区的东部边缘地段，西边的两排探

发掘现场（东—西）

新石器陶鼎(H5)

新石器陶碗(T3102③)

新石器陶器盖(T3009③:5)

新石器红陶杯(T3302③:9)

新石器陶鼎足(T2905③)

新石器陶鼎(T3404③:5)

方内绝大部分是在表土层之下就见第3层,无此层文化堆积。土色为灰黑色,其土质结构较杂,包含有草木灰烬、木炭末和零星的红烧土颗粒。出土遗物多为新石器时代的器物口沿残片,亦有少数东周时期的陶鬲口沿和鬲足、豆柄、盂、罐等口沿残片。第3层为新石器时代文化层。一般厚约0~0.25米,局部地区厚达0.75米。土色为黑灰色,包含有较多的草木灰烬和木炭末,在局部地方有的夹有一层褐黄色土,内夹有少量疙瘩状红烧土块。此层包含遗物比较丰富,出土陶、石器较多,可辨认的器形有陶鼎、罐、盘、豆、钵、碗、纺轮及石斧、石凿、石刀等。

彭家院遗址虽然保存不好,文化堆积较薄,但遗迹、遗物比较丰富,这次发掘揭露出遗迹有灰坑22个、窑址1座,出土器物285件。遗迹中有新石器时代灰坑21个,东周窑址1座、灰坑1个。出土遗物以新石器时代的为主,陶器可见器形有鼎、罐、盆、豆、圈足盘、钵、碗、杯、纺轮等,石器有斧、锛、铲、凿、研磨石。而东周遗物非常少,可见器形有陶鬲口沿和鬲足、豆柄、盂等。

通过这次对彭家院遗址的发掘,我们对该遗址的时代和文化面貌有了初步认识,从该遗址出土的主要器物来看,生产工具以石器为主,这些石器形体均较小,磨制精细,尚未发现大件石器,陶纺轮无彩绘;陶器中的罐形鼎、盆形鼎口沿、宽扁形鼎足和舌形鼎足、高柄豆等器物的形态特征,多具有石家河文化晚期同类器的形体特征,因此大体时代应属石家河文化晚期,与季家湖、石板巷子的时代大体相当。该遗址的发掘将为石家河文化的分期、分布和类型研究增加新的资料。丹江口东北与河南淅川接壤,是南北文化交汇地

新石器石锛 (T3803②:2)

新石器石凿 (T3110③:1)

新石器石铲 (T3702③:4)

新石器石刀 (T3604③:1)

新石器石刀 (T3108③:7)

东周陶鬲 (H21:1)

带，该遗址对研究石家河文化与周围原始文化的交流及与河南龙山文化的关系都具有非常重要的意义。东周遗存破坏严重，遗物甚少，但出土了一件比较完整的陶鬲和较多的鬲口沿、鬲足、豆、盂、罐等，从陶鬲的形态特征来看，属东周时期的楚式鬲，这些实物资料亦对研究我省鄂西北地区楚文化的形成及发展演变，具有一定的考古学价值。

这次的发掘点是选择在遗址东南部，所揭露出的遗迹主要是灰坑，其次马蹄形窑址一座，希望在以后的工作中能找出窑址作坊区的范围和建筑遗迹等，以便全面了解该遗址的文化内涵。

撰稿：韩楚文

丹江口南张家营遗址

◎ 南京大学历史系考古学专业

　　南张家营遗址位于丹江口市浪河镇戴湾村一组，原汉十公路从遗址北部贯通，西北部连接戴湾大桥，并一直延续到大桥以下，北部紧挨小山丘，南临浪河，东部毗邻代家岩小山丘。该遗址处于第一级台地上，海拔153～163米，中心地理坐标北纬32°26′45″，东经111°15′30″。

　　南京大学历史系考古学专业于2006年11月1日～2007年1月15日对该遗址进行发掘。分四批共布方82个，发掘面积2168平方米。

　　本次共发掘遗迹163个，其中灰坑142个，房址3座，墓葬5座，灶址3座，井2口，窖1座，沟5条，特殊遗迹2处。第一和第二批方的海拔稍高，并且晚期的破坏较严重，

屈家岭文化H238（西—东）

遗址全景（西北—东南）

主要是寻找典型的遗迹现象。第三和第四批方具有较厚的文化层堆积，出土的遗物也比较丰富。

以第四批方为例，地层共分5层，其中第4层和第5层为文化层，以夹砂红褐陶为主，泥质灰陶和黑陶次之，夹砂灰陶和泥质红陶较少，

发掘现场（北—南）

纹饰以绳纹为主，弦纹和划纹次之，有少量圆圈纹、戳印纹和方格纹。器物以鬲和豆最多，盂和罐、盆次之。鬲包括锥状足鬲和柱状实足鬲，其中柱状实足鬲的足尖较高，器形较大，裆不明显，可分为小口、罐形和盂形三种；锥状足鬲裆部明显，有少量为瘪裆。豆分为浅盘、深腹和盂形三种，豆把从稍矮到细长，豆盘内有的饰暗纹。罐和盂的凹圜底作风盛行。也含有少量新石器时代的侧装扁锥状鼎足和蛋壳陶器形。

第5层下发现的两个灰坑H203和H238包含物以灰陶、黑陶为多，有少量黄陶和红褐陶，器形有侧扁形鼎足、盂、大圈足豆、圈足盘和蛋壳红褐陶的敞口杯等，纹饰可见绳纹、弦纹及镂空，另外还征集到2件应属同一时代的磨制精美的石钺。

遗迹方面，我们发现了大量的长方形坑，有的4～6个一组成为排坑，坑中基本无遗物。

东周排水坑TJ101

新石器晚期陶鼎足

新石器晚期石斧(采集:1)

新石器晚期石斧(采集:2)

这样的坑在春秋战国时期均有发现。坑壁较直，制作规整，并且有水长期浸泡的痕迹，坑内包含物很少，土色较纯，土质较细腻，少见草木灰和红烧土夹杂。邻近的晓店子遗址也有类似的坑，里面有的还保存着紫红色细腻的泥土，似经过淘洗，并且周围的地层中多有陶拍出土，推测可能与制陶手工业有关。

另外，我们清理的两口井的深度均为6米左右，其中J1井口直径1.6、深6米，可分5层。井口近圆形，井壁向下渐收缩，井底为圜底。井圈内有一周二层台，距井口约1米。井内直至井底水浸痕迹不明显，井底无淤泥，出土了大量陶片，似应作为灰坑用。井内包含物非常丰富，主要有陶细柄豆、柱足鬲、凹圜底罐及铁器、石矛、瓦等，自上至下包含物变化不明显，年代大致为战国时期。从这两口井我们可以看到，现在文化层以下6米均为淤积的黄沙，没有文化层的迹象，并且在灰坑中也有这种黄沙的淤积情况，说明环境对当时人们的生活影响较大。

本遗址调查时被认定为新石器、西周时代。根据我们的发掘，从器物和遗迹特征分析，第4层和第5层大致处于同一时期，包含了典型的楚文化风格，同时也融合了较多的中原文化因素，瘪裆鬲的作风与中原西周晚期的器物形制相同，大量的柱足鬲和饰暗纹的豆、凹圜

东周陶鬲足

东周陶鬲(T103⑤:1)

东周饰刻划符号及暗纹豆盘 (J101④:1)

东周陶珠

东周石锛 (T170⑤:1)

东周陶豆
(H133:1)

东周石锛 (H193:11)

东周陶豆
(H104:10)

东周陶豆
(H103:1)

东周石楔丁 (J101③:11)

底的作风以及带壁龛的长方形竖穴土坑墓又属于典型的楚地风格。除少量鬲的时代可以到达西周外，本地周代遗存时代基本上可以定为春秋战国时期。而H203和H238出土的器物属于典型的屈家岭文化时期遗物，大致处于屈家岭文化中期。

这次发掘地点是长江中游和黄河中游文化的交汇区域，发现新石器时代和东周时期丰富的文化遗存，为深入分析这两片地区的文化交流、本地的文化属性提供了大量的实物资料。

撰稿：水 涛

丹江口薄家湾遗址

◎ 湖北省文物考古研究所

　　薄家湾遗址位于丹江口市浪河镇薄家湾村一组，地理坐标为东经111°15′50″，北纬32°25′10″，海拔163米。20世纪60年代前，这里是一处自西向东倾斜的坡地，后经农田改造，变为平地，遗址东侧有浪河自南向北流入丹江口水库，西侧有316国道和襄渝铁路。1985年10月丹江口市博物馆在文物普查时发现，当时确认遗址面积2万平方米；2004年湖北省文物局南水北调办公室组织专家组进行复查，将其列入南水北调淹没区文物保护项目、丹江口市文物保护单位，遗址文化层厚0.5～1.2米，时代为西周。2006年10月湖北省文物考古研究所再次对该遗址进行了复查，确定该遗址为东周时期。2006年10～12月，湖北省文物考古研究所对该遗址进行了局部发掘，并于2007年3月16日开始对此次发掘进行整理。

　　经初步整理，地层堆积分为六层：第1层耕土层、第2层黄黏土层、第3层黄沙土为近现代地层，第4层黄褐沙土，为明清地层，第5层黄黏土、第6层灰黄土为东周文化层。由于1、

发掘现场（西—东）

遗址全景

2、3、4层包含物较少，且无遗迹，我们仅仅对其进行简单整理，第5、6层中包含大量陶片，且我们清理的遗迹均开口在这两层以下，我们将其确定为本次整理工作的重点。目前我们对整个遗址的拼对、修复工作也已经结束，总计修复19件器物，分别为鬲4、盂6、罐3、豆4、盆1、瓮1件。

本次清理的遗迹有灰坑、房子、陶窑、水井、灶、水沟等。计有5层下开口的灰坑40个，6层下开口的灰坑18个，开口形状有椭圆形、圆形、不规则形、长条形、长方形、方形、凸字形等，其中椭圆形、圆形、不规则形灰坑中出土了较为丰富的陶片，包含有陶鬲、盂、罐、豆、鼎、盆、瓮、甑等多种器类。23个长方形、方形、凸字形坑四壁规整，以平面呈长方形居多，填土类似墓葬的五花土，这种灰坑（我们暂且将之归于灰坑中）的填土中却不见包含物或仅偶见碎陶片，而且坑底也不见埋藏有任何物品的痕迹，颇难以理解。

其他遗迹计有5层下开口房址1座、6层下开口陶窑1座、5层下开口水井3口、5层下开口水沟

窑址

2条。F1平面近似长方形，为地面建筑，地面铺有红烧土，残存有柱洞、灶等遗迹。Y1为长方形，东西向，仅见二柱形箅孔，南北向排列，窑内堆积有大量红烧土块，推测为窑废弃后坍塌所致。三口水井与F1开口在同一层位下，平面皆略呈圆形，井身呈圆柱状，井口下有一级台阶，井壁较平滑。其中J3内包含有大量的东周时期陶片，推测该井废弃的时间较长，且废弃后本地一直有人居住。

整理情况表明，此遗址文化堆积较为单一，主要是东周时期遗存，出土遗物有陶器、铁器、石器等。陶器绝大多数为残陶片，仅T2510⑤：1陶垫、T2409⑥：1纺轮尚属完整。绝大部分为生活用器，器形有鬲、盂、豆、罐、盆、甑、瓮、纺轮、拍及杯，陶质分为夹砂和泥质两类，以夹砂陶为主。陶色以红陶为主，次为褐陶，灰陶次之，另有少量橙黄陶、黄褐陶及黑陶。纹饰以绳纹居多，其次为素面，少量弦纹、附加堆纹、圆涡纹、锥刺纹，偶见刻划纹及刻划符号。铁器少见，仅有个别臿、刀等器类。铜器仅镞一件，锈蚀严重。石器少见，仅有个别凿、斧等器类。以下仅就所整理的陶片作简单地介绍。

陶鬲：绝大部分为夹砂陶，以夹砂褐陶为主，夹砂灰陶少见。鬲足以柱足为主，有高柱足、矮柱足、截锥足，仅一件泥质灰陶袋形鬲足（标本T2206⑥：11）。鬲足以夹砂红陶为主，次为橙黄陶，少见褐陶、灰陶。鬲口沿以夹砂红陶为主，次为橙黄陶。可能由于着火点不同，同一器类不同位置烧制成的颜色有很大差异，一般而言，夹砂陶鬲口沿、鬲足多呈红色，器腹则多为褐色。标本J3：6为夹砂褐陶鬲，通高40、口径48厘米，矮柱足。

陶盂：均为泥质陶，泥质磨光黑皮陶为主，标本H1：1，磨光黑皮陶，圆唇，平折沿，沿面两道凹弦纹。标本H48：2，磨光黑皮陶，方唇，平

陶器上的暗纹

陶器上的暗纹

陶器上的刻划符号

陶盆（J3：1）

陶瓮（J3：4）

折沿，颈部一周竖排暗纹，肩部两周凹弦纹，腹饰方格纹。

陶罐：分泥质和夹砂两种，均为灰陶，有双系罐和无系罐两类。标本T2206⑥：1为大口深腹罐。

陶瓮：标本H48：1，泥质灰陶，侈口，尖唇，卷沿，周身饰竖绳纹，颈部绳纹被抹，肩部一周附加堆纹。

陶豆：有泥质和夹砂陶，泥质陶有泥质灰陶、黑陶、红陶，偶见夹砂灰陶豆。标本J3：5，泥质黑皮陶，豆盘内有刻划符号。

陶鬶：均夹砂陶，多夹砂红陶，圆鼓腹，细腰。

陶盆：泥质灰陶为主，次为泥质黑皮陶。

陶纺轮：出土3件，形制大体相同，唯一件有纹饰，二件素面。标本T2210⑥：1，灰褐色，圆形，其一面比另一面径略大，长径4.1、短径3.8、厚0.9～1、孔径0.4厘米。一面由六道锥刺纹组成的麦穗纹；另一面抵外围一圈锥刺纹组成的圆圈，同时外

陶豆（J3：5）

陶罐（T2404⑤：3）

陶鬲 (H3:1)

陶鬲 (H48:4)

陶盆 (H48:2)

陶鬲 (H48:3)

围也有一圈锥刺纹,近中心孔处,两两锥刺纹组成涡状图案,其外不规则锥刺纹与外围一圈锥刺纹相接。纺轮四周也分别有一圈锥刺纹组成圆圈,其间偶有锥刺纹与之相连。

陶拍:有两式。Ⅰ式,拍面隆突而光滑,背面有圆柱形握手。Ⅱ式平面呈等腰三角形,拍面平而光滑,背面弧形,中空,背有桥形握手,有可容一指的空间以便握使用,其形制与淅川下王岗西周地层中所出一样。

整理情况表明,大量楚式鬲的出土、红陶系在遗址中占主导地位等迹象显示,该遗址文化面貌属于春秋中晚期楚文化范畴,与同处汉水中游的襄樊真武山、老河口杨营同期遗存有着较多的共性,由此我们可以推测该地区在这一时期为楚国的疆域,楚国物质文化在此地起着主导地位,这对我们发现和了解鄂西北汉水中游地区楚国文化面貌有一定意义。同时,这些遗存所处的春秋中期是楚文化形成发展的重要历史阶段,为我们探索楚文化提供了借鉴。

撰稿:晏行文

丹江口北泰山庙墓群

◉ 湖北省文物考古研究所

　　北泰山庙墓群位于丹江口市均县镇(原嚣川乡)关门岩村六组,丹江口水库南岸,东距丹江口市区约50公里,西距十堰市区约70公里,北隔水库(此段为汉江主河道)与习家店镇蔡家渡果园场相望,东西为水库,南约3公里处为镇政府所在地,习(家店)六(里坪)公路从北向南穿过墓群西部。墓群保存面积达百万平方米,包含吉家院、水牛坡、三座山、王家垭、傅家院、龙脖子、秦家坡等10余个小山包与沟汊。1991年此墓群(原名为关门岩古墓群)被列为丹江口市重点文物保护单位。

　　由于墓群面积过大,我们将墓群按山头划分为若干小墓地,并以小地名命名,分批发掘、整理。现已发掘完成的有王家垭墓地、水牛坡墓地、吉家院墓地I区。此外,我们还完成了对三座山墓地的勘探工作。

　　王家垭墓地位于北泰山庙墓群的北偏东处,北与吉家院墓地相邻,东与水牛坡墓地隔河汊相望,西南与三座山墓地相连。其海拔为161～168米。墓地位于一曲尺形的小岗地上。岗地的中部有一条通向吉家院的小路,2005年我们对以小路为界的王家垭北区进行了发掘,2006年对小路以南区域进行了发掘。

　　水牛坡墓地位于王家垭墓地的东北部,以约百米宽的河汊相隔。墓地南北长约200米,东西宽不足百米,海拔在147～158米之间。其正北为吉家院墓地,东北为傅家院墓地。

水牛坡墓地

吉家院墓地航拍图

三座山墓地在长约600、宽约300米的东西向山梁，其上种有大量橘树和小麦等农作物，并有零星村民居住。

吉家院墓地位于北泰山庙墓地的北部，小地名为碑记坟，是北泰山庙墓群的一个重要组成部分。墓地南与王家垭墓地相连接，东与秦家坡墓地、龙脖墓地、傅家院墓地相连接，东南与水牛坡墓地相望，地形呈西北–东南向的长条形半岛状，占地长约400、宽约200米。台面与现水位落差约12米，台地坡度约30°～45°。

北泰山庙墓群发现于20世纪70年代。1987年湖北省博物馆和郧阳地区博物馆(今十堰市博物馆)、丹江口市博物馆进行了第一次考古发掘，共发掘战国两汉时期的墓葬40余座。1998、1999年湖北省文物考古研究所又相继进行了二次发掘，共发掘墓葬41座和1座大型车马坑，均为战国时期的楚墓。2004年为配合制定南水北调文物保护规划，曾做过较大规模的勘探。

因北泰山庙墓群地表植被茂盛，传统的探孔勘探方式勘探起来非常吃力。我们根据墓群墓葬多开口于耕土层之下这一特点，改用正方向2米间隔布点，用铁锹挖坑的方式勘探，大大提高了勘探效率。在发现有花土的坑点，我们用石灰做记号，并加布梅花孔确认墓葬具体范围。

吉家院墓地战国二号车马坑(CH2)俯瞰

现已完成了对三座山墓地、王家垭墓地、水牛坡墓地、吉家院墓地等四处墓地的勘探工作，总勘探面积达20余万平方米，发现墓葬285座，其中王家垭63座、水牛坡115座、吉家院70座、三座山37座。

发掘过程中，我们严格按照田野考古操作规程，采用象限布方发掘方式发掘。我们在各墓地西南角分别建立基点，正方向布10米×10米方，将墓地置于第一象限，并对有墓葬的探方进行发掘。

2005年4～6月、2006年3～4月，北泰山庙考古队对王家垭墓地进行了两次发掘，完成发掘面积近6000平方米。发掘墓葬63座，其中有62座为东周楚墓。2006年4月22日～7月10日、10月28日～11月14日，对水牛坡墓地进行了两次发掘。共发掘墓葬115座。2006年11月14日～2007年1月20日，对吉家院墓地进行了发掘。共发掘墓葬37座。

三个地点共发掘墓葬215座，其中东周墓154座，汉墓49座，明清墓12座，无随葬品墓12座。另外，还发现3座东周墓陪葬了车马坑。出土青铜器、陶器、玉器等各类文物计约2000件。现将墓葬出土情况分墓地介绍如下：

(1)王家垭墓地

王家垭墓地共发掘墓葬63座，均为土坑竖穴墓。这批墓葬多为小型墓。有东周墓62座，

吉家院墓地战国M7

考古人员正在清理吉家院墓地战国M48

明墓1座。

王家垭墓地东周墓全部为楚墓，随葬陶器以鼎、敦、壶、豆、鬲、盂、罐为组合。少部分墓葬只出土有鬲、盂、罐。墓葬形制分为带斜坡墓道墓、带台阶墓、带壁龛墓和普通土坑竖穴墓四类。其中带斜坡墓道和台阶墓2座，仅带台阶墓葬2座，带壁龛墓葬5座（龛内一般放置鬲、盂、罐等日用陶器），其余为普通土坑竖穴墓。墓葬方向均为东西向。

王家垭墓地共出土器物505件。从质地上可分为铜器、陶器、玉器、料器等。其中陶器318件，铜器156件，玉器18件，料器13件。铜器分为兵器和车马器：兵器有剑、矛、戈、戟、镞；车马器有车軎、马镳、盖弓帽等。陶器有鼎、敦、壶、豆、盘、匜、缶、罍、盂、鬲、罐、镶壶、小口鼎等。

（2）水牛坡墓地

水牛坡墓地共发掘墓葬115座，均为土坑竖穴墓。有东周墓55座，汉墓49座，明清墓11座。因水牛坡墓地墓葬时代差异明显，其墓葬特征亦各异。

水牛坡墓地东周墓随葬陶器以鼎、敦、壶、豆、盘、匜的组合为多，少部分为鬲、豆、罐组合。随葬青铜器多为兵器及车马器，以兵器为主。汉墓随葬陶器除少量墓葬随葬钫、壶、鼎、豆等仿铜陶礼器外，多数随葬陶器仅为钵、釜。汉墓随葬铜器多为带钩、铜镜等生活用器。

墓葬形制分为带盖板、土台及不带盖板两类。带盖板、土台墓葬18座，除3座为东周墓外，其余皆为汉墓。此类墓葬基本为单棺墓（M94为一棺一椁单层盖板），在棺上另加一层盖板，盖板下由人工堆筑的土台支撑。此类墓葬基本用一层盖板，亦有用两层盖板的墓葬（M90）。

水牛坡墓地出土随葬品650余件。东周墓出土器物情况与王家垭墓地类似；汉墓出土陶器有釜、罐、钵等，铜器以带钩、铜镜等生活用器为主。

（3）吉家院墓地

吉家院墓地发现的墓葬均为土坑竖穴墓，其中带墓道的中型墓葬11座，其余均为小型墓

吉家院墓地战国M48头厢青铜器出土情况

葬。

墓地以11座带墓道的中型墓为中心，小墓分布其间。11座带墓道的墓葬又以M48为核心，该墓处在整个墓地的最高处。墓葬分布极有规律，明显可以分为5组：

①M48、M36、M39为一组，M48为核心，其中M48后有陪葬车马坑CH2。

②M38、M49、M28为一组，M38为核心，其中M38后有陪葬车马坑CH4。

③M7、M50、M26为一组，M50为核心。

④M10、M16、M9、M37为一组，M10为核心。其中M10、M16为1999年度已发掘。

⑤M51、M47、M35为一组，M51为核心，其中M51后有陪葬车马坑CH3。此组的3座墓没有发现墓道，但墓坑皆比较

吉家院墓地战国M48

大，均设有台阶。墓口尺寸甚至超过了部分带墓道的墓葬。

发掘的墓葬皆为战国时期的楚墓，随葬的仿铜陶礼器组合以鼎、敦、壶、豆和鬲、盂、罐、豆为主。前者组合中还有小口鼎、盥缶、镰壶、盘、匜等。青铜礼器有鼎、敦、壶、簠、方豆等，青铜兵器有剑、戈、矛、镞等，青铜车马器主要有軎、衔等。

发掘墓葬中，尤以M48、M38、M49保存完整，没有被盗，出土随葬品最为丰富。

吉家院墓地战国中期铜方豆 (M7:14)

M48，墓口长12.5、宽11.6米，墓道长7.2、宽3.5米。五级生土台阶。一椁二棺。出土随葬品150余件，青铜礼器有鼎、敦、壶、簠等，另有青铜兵器剑、戈、矛、镞和车马器軎、衔等。玉器有璧、璜、珠、管等，还发现有大量的金箔片。

M38，墓口长8.1、宽5.6米，墓道长7.8、宽2.2米。二级生土台阶。一椁二棺。出土随葬品110余件，仿铜陶礼器有鼎、敦、壶等，另有盘、匜、盥缶、小口鼎、镰壶等。发现有青铜盘、匜。青铜兵器有戟、剑、戈、矛、镞和车马器軎、衔等。玉器有璧、璜、珠等。

M49，墓口长7.2、宽4.5米，墓道长9、宽1.9米。二级生土台阶。一椁二棺。出土随葬品60余件，仿铜陶礼器有鼎、敦、壶等，另有盥缶、小口鼎、镰壶等。青铜车马器有軎、衔等。玉器有璧、璜、珠等。

3座车马坑分别位于M48、M38、M51后，按照墓地的分布规律，推测分别为此三墓的陪葬车马坑。

CH2为M48的陪葬车马坑，与墓葬相距约10米，长16.1、宽4米，残深仅约0.1～0.48米。发现5车15匹马，分别为三组4马1车、一组2马1车、一组1马1车。车厢保存很差，有一乘可以大致看出其形制，余下几组仅存痕迹，同时还发现有青铜车舆构件。

CH4为M38的陪葬车马坑，与墓葬相距约8米，长12.6、宽4米，残深仅约0.1～0.48米。发现3车6匹马，为三组2马1车。车厢保存很差，仅有一乘可以看到残存的痕迹，且具体的结构不明。

CH3位于M51后，大体呈方形，只发现2匹马，其中1匹被现代坑破坏，仅存一截腿骨，另1匹结构比较清晰。没有发现车厢。值得一提的是，此车马坑的马头不是如常例与墓坑相背，而是对着墓葬，即向着东方，不是如其他墓葬那样向西。M51并不带墓道，此车马坑如

吉家院墓地战国晚期铜卮（M26∶12）

不是其陪葬坑，则其四周再无比M51更大的墓葬，所以推测CH3可能为M51的车马坑，尽管马头向与墓葬方向一致。

目前整理修复及标本测定工作正在进行，现已完成水牛坡、王家垭墓地全部陶器及吉家院墓地部分陶器的修复工作，共修复(完整)器物1200余件。青铜器及小件器物修复已经结束，已修复完成300余件。王家垭墓地绘图、制卡工作已完成，水牛坡绘图、制卡工作已接近尾声。两墓地共完成绘图1440余件、制卡片1440余张。

我们还积极与北京大学、中国科技大学、西北大学等单位联系，拟合作进行各种标本检测及鉴定工作。拟开展通过范土采样鉴定铜器产地、通过铜器金相分析鉴定铜料产地、绿松石镶嵌工艺及陶壶与铜铺首黏合剂分析、铜器铸造工艺鉴定分析、各种玉石矿石产地分析等多项课题。现已完成标本采样工作，下一步工作正在积极开展中。

湖北省地处楚文化的中心区域，通过数十年的工作，湖北境内的大部分地区都有楚文化遗存发现，这些发现尚没有完全解决楚文化研究中的一些问题，如早期楚文化、早期楚都丹阳地望等问题，所以许多学者将目光投向地处鄂西北的汉江沿岸。由于这一区域楚文化遗存的发现相对较少，人们对这一地区的认识还很有限，所以这一地区的楚文化考古，尤其是大型楚文化遗存的发掘对学术研究会有更重要的价值。

在丹江口水库初期工程中，河南省淅川县曾发现楚令尹王子午墓，出土了大量带铭文青铜器。还有学者认为楚早期郢都就在现淅川县淹没于丹江口水库中的龙城遗址。淅川县毗邻丹江口市，亦处于丹江口水库的中心区，与北泰山庙墓群相隔较近，而且地貌环境相似，从以往北泰山庙墓群发掘工作来看，该墓群清理出的墓葬明显属于楚文化墓葬，这更加重了它在楚文化研究中的分量。

撰稿：高旭旌

摄影：余 乐

丹江口牛场墓群

◉ 湖北省文物考古研究所

　　牛场墓群位于丹江口市均县镇(原肖川镇)土桥管理区齐家垭子村(现合并为罗汉沟村)。墓群范围北起罗汉沟村一组的黄沙河,南至罗汉沟村一组林场的外边沟南端,南北直线距离约1.5公里。墓地分为南北二区,北区为齐家垭子区,墓葬较少,墓葬部分常年淹没在水中,少数暴露在外,多为东汉－六朝的砖室墓;南区即外边沟区,初步确认有墓葬200多座。1995年底、2005年、2006年湖北省文物考古研究所对外边沟区进行了三次抢救性发掘,共发掘墓葬189座,时代有东周、两汉,有土坑和砖室墓,出土陶器、铜器、料器、漆器等文物705件;2007年4月开始,湖北省文物考古研究所对2006年发掘的100座墓葬的出土器物进行修复。

　　从发掘情况来看,已清理的100座墓葬中东周墓葬有98座,仅2座西汉墓葬。98座东周墓葬均为长方形竖穴土坑,其中3座有斜坡墓道,墓口长约2～3.5、宽约0.6～2.5米。现存墓

墓群全景

M95（西—东）

葬深0.15~4米，少量墓葬遭破坏。方向有南北向和东西向，东西向墓葬40座，其余南北向。每座墓葬都保存有人骨，除了M151和M188为同穴合葬墓外，其余96座墓均为单人葬，葬式都为仰身直肢，只有一座为屈下肢葬，绝大多数是双手或单手抱腹。人骨保存很差，基本上只能采集到牙齿。葬具都已腐烂，从灰痕推测有一棺一椁、单棺和没有葬具三种。一棺一椁墓中有个别有头厢，单棺墓葬多有壁龛。一棺一椁墓的随葬品均置棺外椁内一侧。壁龛墓的随葬品均放壁龛内，除一座为头龛外，其余均为侧龛。西汉墓M183，长方形竖穴土坑，局部遭破坏，南北向，葬具为一棺一椁，葬式为仰身直肢，头向北，唯一不同的是此墓的垫木纵向摆放在椁底，这在该墓地是第一次发现。

目前器物的修复工作正在进行中，现已经将其中15座墓的随葬器物修复完成。修复的15座墓包括一座西汉墓M183，其随葬品为陶盖鼎、壶

M154（南—北）

M150(西-东)

M151(北-南)

（2件）、盘、钵和漆器，漆器均腐烂，不辨器形；陶器均为泥质灰陶，素面。其余14座均为东周墓，器物组合分别为鬲盂罐、鬲盂罐豆、鼎敦壶、鼎敦壶豆、鼎敦壶豆盘匜、鬲簋罐、鼎簋壶。组合为鬲盂罐的墓为M93、M94、M99、M107、M108，其中M108随葬的陶鬲为双耳，罐为高领。组合为鬲盂罐豆的墓为M91。组合为鼎敦壶的墓为M114，该墓随葬的壶无圈足，凹圜底，带盖，肩部贴一对环钮衔环。组合为鼎敦壶豆的墓为M100，墓中两件陶豆。组合为鼎敦壶豆盘匜的墓有M95、M150、M151，M151为合葬墓，随葬两组器物，

我们根据其所存骨骼推测墓主人一男一女，可能为夫妻，推测为男性（墓左侧）墓的随葬品与推测为女性（墓右侧）墓的随葬品组合均相同，皆为鼎2、敦2、壶2，豆、盘、匜各1，这18件器物除两件豆和一大一小两件圆鼓腹壶外均有彩绘。M125出土的M125:2罐，双耳，带盖，

且有三扁矮足，足根几乎与罐底在一个平面上（该器是否可定名为罐似乎值得商榷，但与鼎似乎又有很大差异，我们姑将此三足器定名为罐）；M125：1罐，双耳，带盖，凹圜底。组合为鬲簋罐的墓为M97。组合为鼎簋壶的墓为M128。

所有墓中所出的陶器全部为泥质陶，有泥质磨光黑皮陶、泥质灰陶。绳纹只在鬲盂罐组合器中出现，且主要是鬲的纹饰以绳纹居多。罐、盂的肩及上腹部多饰凹弦纹，M96：3罐肩部凹弦纹之间布满锥刺纹。M91豆盘内有放射状暗纹，M91罐颈外部饰暗纹，暗纹多在磨光陶器中出现。彩绘均在鼎敦壶组合中出现，M114鼎敦壶组合、M150鼎敦壶豆盘匜及M151两套鼎敦壶豆盘

M141（南一北）

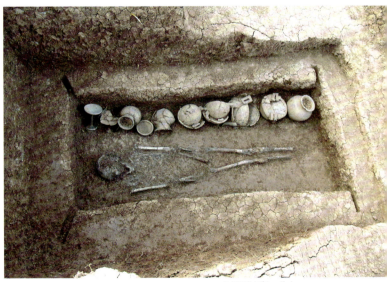

M162（南一北）

匜组合上面均有彩绘，目前可见的有五爪龙纹、菱形纹、云雷纹彩绘。

从组合上来看鬲盂罐(有的加豆)、鼎敦壶(或鼎敦壶盘匜或加豆)应为典型的东周楚墓组合。从形式上来看，长颈罐和鬲为典型楚器。而从一些细节来看，似乎又包含着许多楚文化以外的因素，比如秦文化的因素，因

M188（北一南）

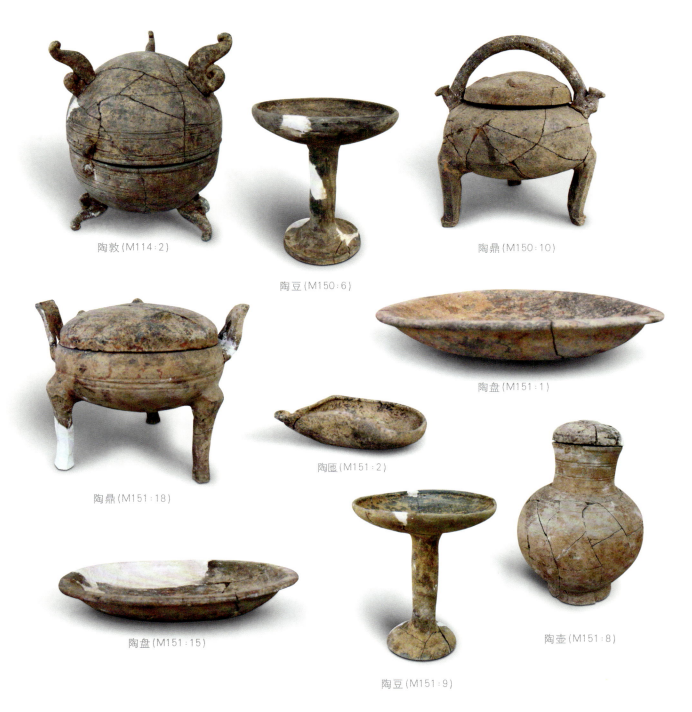

陶敦 (M114:2)

陶豆 (M150:6)

陶鼎 (M150:10)

陶鼎 (M151:18)

陶盘 (M151:1)

陶匜 (M151:2)

陶盘 (M151:15)

陶豆 (M151:9)

陶壶 (M151:8)

为整理工作尚未正式开始，结论我们不敢妄下，有待整理以后给出。

撰稿：晏行文

丹江口小店子遗址

● 青海省文物考古研究所

小店子遗址位于丹江口市浪河镇小店子村二组和三组,地理坐标东经111°15′50″,北纬32°25′10″。海拔169~170米,面积约8万平方米。该遗址于1957年10月由湖北省文物工作队调查时发现。我们于2006年11月10日正式进驻工地,开始了考古勘探、发掘工作。目前已经完成考古勘探面积3800平方米,发掘面积1310平方米。

我们采用十字形布孔方式对整个遗址进行了大面积的了解式勘探,其中文化层堆积的面积约有8万平方米。在了解式勘探的同

发掘现场

时,我们在文化层堆积较为丰富的区域实施重点考古勘探工作,勘探方法采用2米×2米的梅花式布孔方式,局部区域受地形和地表植被的影响间距稍放大或缩小,重要遗迹单位划定了分布范围并进行地表标注。大面积的考古勘探工作从11月13日开始,11月23日结束,总计勘探面积3600余平方米,初步勘探出不同形状灰坑共16处,砖块与瓦片堆积4处;11月24日开

遗址全景

始进行了遗址的重点勘探，总计勘探面积200平方米。

我们在文化层堆积较厚、遗迹现象较为集中的区域内集中布方进行发掘。探方采用10米×10米的规格，正北方向布方，东、北隔梁。总计布方13个，发掘面积1300平方米，扩方10平方米。考古发掘从2006年11月23日开始，2007年2月4日结束，下面分地层堆积、遗迹现象和重要遗物三部分予以简要介绍：

根据地形条件和堆积的层次，我们将小店子遗址分为两个区，其中 I 区文化层堆积主要为西汉时期墓葬群、东周时期遗址；II 区主要为唐宋时期地层和汉代文化层。

I 区共分为六层：

第1层，耕土层，地表为小麦地和油菜地。土色灰褐色，土质为砂质土，松软，含砂量较高。厚0.15~0.25米，夹杂有植物腐蚀根茎、塑料、现代瓷片、草木灰、布纹瓦片等。

第2层，近现代层，为近现代平整土地时所堆积，土色黄褐色，土质为砂质土，较硬，夹杂有粗砂粒、小粒砾石以及瓦片、泥质绳纹灰陶片、夹砂褐陶片、瓷片、塑料等。厚0.4~0.6米。部分区域可分为a、b两个亚层。此层下发现灰沟一条，编号G1；灰坑一个，编号H1，均为近现代堆积。

第3层，文化层，土色黑褐，土质较硬，包含有炭屑和红烧土颗粒，夹杂着大量的泥质灰陶片、绳纹筒瓦片和板瓦片、罐、鬲、鼎、瓿、袋足残片等遗物。厚0.4~0.6米，距地表深约0.8~1.1米。此层下开口遗迹单位有H2~H6、G2和G3，墓葬5座，根据发现顺序分别编号为M1~M5，此层的时代为汉代。

第4层，文化层，土色褐色，土质较硬，包含有大量的炭屑以及红烧土颗粒，夹杂有罐、瓿、鬲、鼎、豆、绳纹瓦残片等，厚约0.4~0.6米，距地表深约1.3~1.5米。此层下开口的遗迹单位有H7、H8、H10~H20。此层的时代初步推测为东周时期。

第5层，文化层，土色黄褐，土质较硬，包含有炭屑、红烧土颗粒，夹杂有绳纹陶片等遗物，厚约0.2~0.4米，仅分布于TE3N2、TE1N2、TE2N1等探方内。根据地层内包含的陶片等遗物初步分析为东周时期。

第6层，细砂层，色黄，疏松，不包含任何人工遗物。

II 区共分5层。

M7（北—南）

新石器石刀

新石器石锛

第1层，耕土层，厚0.2～0.25米，距地表深度约0.2～0.3米。土色黄褐，土质疏松，颗粒状粉砂土，夹杂近现代陶、瓷片及植物腐蚀根茎等，地表植被为小麦。

第2层，近现代层，厚0.4～0.7米，距地表深度约0.2～0.9米。土色黄褐，土质较疏，夹杂近现代陶片、瓦片、青花瓷片、塑料片、铁丝、炭屑及红烧土颗粒等。本探方内可分为a、b两个亚层：a层土色黄，土质较细，为黄沙。 b层含沙量较大，沙质较粗，含小砾石，为沙质土，和Ⅰ区第2a层土质土色及包含物相同，此层下开口的遗迹单位有H23。

第3层，文化层，厚约0.4～0.6米，距地表深度约0.8～1.3米。土色青灰，土质疏松，夹杂绳纹瓦片(有筒瓦和板瓦两种)、陶豆、罐残片等。此层下开口遗迹单位有H24。

第4层，文化层，厚约0.4～0.8米，距地表深度约1.5～2米。土色黑褐，土质较硬，夹杂有泥质灰陶片、夹砂褐陶片、陶豆残片、板瓦、筒瓦残片等。此层下开口遗迹单位有H26、H28、H33。

第5层，黄土，土质疏松，含沙量大，不包含任何人工遗物，为次生土。

小店子遗址的遗迹现象较为丰富，根据发掘情况可以简单划分为房址、灰坑、灰沟、墓葬、窑、灶、柱洞、水井等八大类：

1. 房址，1座，汉代，仅存局部遗迹，墙体已无存，平面略呈方形，面积约10平方米，进深一间，面阔一间。

2. 灰坑，总计发现42个，其中近现代2个，六朝时期1个，汉代21个，东周时期18个。

3. 灰沟，总计发现9条，长条形，似为自然冲刷沟，有近现代沟1条，汉代4条，东周时期4条。

4. 墓葬，4座，均为汉代竖穴土坑墓葬，平面为长方形的2座、凸字形的2座。出土陶罐、陶盒、铜泡(鎏金)、铜洗、铁釜等器物20余件。

5. 灶，2座，东周时期，平面略呈圆形，已残，烧结面厚约2厘米，灶底部有大量的炭屑和红烧土颗粒。

6. 陶窑，2座，均已残，有东周时期和汉代陶窑

战国晚期陶盒(M7:3)

战国青铜镞

战国晚期陶盂(M7:2)

战国晚期陶器盖(G2:5)

战国晚期陶钵(G2:6)

各1座。

7.柱洞，1个，直径约0.2、残深约0.15米，有柱础石。由于破坏严重，与柱洞相关的踩踏面、建筑遗迹等均未发现。

8.水井，3个，其中汉代2座，东周1座。

小店子遗址出土遗物十分丰富，截至今日，已经发现完整和可复原器物262件，陶片300余袋。从纹饰上看，以绳纹居多，素面较少，还有少量的戳印纹、锥刺纹和弦纹。从陶质上看，以夹砂灰陶和夹砂褐陶为主，泥质灰陶主要为陶豆、罐等残片。从陶色上看，以灰陶和褐陶为主，还有少量的红陶。从器形上看，以陶豆、陶罐较多。此外，还有大量的板瓦和筒瓦残片。

小店子遗址整体地貌呈盆地结构，四周小山环绕，可耕种面积较大，野生动、植物资源丰富，浪河及其支流是丰富的水生资源，气候适宜，适合农业生产。根据勘探和初步发掘资料，小店子是一处面积较大、文化层堆积较为丰富的遗址，有东周、汉代、明清时期地层堆积，还发现了新石器时代的石刀、石斧等磨制石器和六朝时期的灰坑，出土有唐宋时期的青瓷残片，文化序列较为完整，出土遗物较为丰富。

此次发掘中虽然尚未发现地面建筑基址，但是出土了大量的筒瓦、板瓦和瓦当等建筑构件，为研究东周时期当地的居住环境、建筑构件等提供了新的考古学资料。

小店子遗址是一处既有居住遗迹，又有墓葬的大型聚落遗址，通过发掘进一步明确了小店子遗址的文化内涵和分布范围，为我们探索东周以来的聚落形态、经济生活及社会发展等提供了新的资料。

撰稿：闫 璘

丹江口莲花池墓群

● 北京市文物研究所

莲花池墓群位于丹江口市均县镇莲花池村西南约10公里的一山梁之上(现为均县镇良果场所属)。山梁三面环汉水,自西向东由高到低伸向汉水。莲花池墓群墓葬由低向高分布于这一山梁上。

莲花池墓群发现于1994年,2004年中国社会科学院考古研究所和丹江口市博物馆等单位进行了第二次调查,当时发现地表有汉砖和150余座坟土堆,确认莲花池为一处从汉至明清时期的墓群。2006年10月,为做好南水北调湖北省丹江口库区文物保护工作,受湖北省文物局南水北调办公室委托,北京市文物研究所于10月

考古人员的驻扎地

2日～2007年1月25日,对莲花池墓群进行了勘探和发掘,累计勘探面积34000平方米,发掘面积2200平方米,共66座墓葬。墓群中心区域地理坐标为东经111°08′00″,北纬32°35′11″,海拔147～168米。

莲花池墓群地层较为单一,墓葬均开口于耕土层下,耕土层呈灰褐色,结构松散。当地生土层分两种:一种为黑褐色,主要分布于山梁顶部中间;另一种为黄褐色,分布在

发掘前布方现场(南—北)

战国中期洞室墓M5(北—南)

战国中期洞室墓M5出土陶器组合

西汉M7清理后状况(南—北)

西汉青铜蒜头壶（M7:8)

西汉M7出土陶器组合

西汉铜盆(M9:4)

西汉M9清理后状况(东—西)

西汉铜镜(M9:1)

山梁顶部周围，被黑褐色生土叠压。

本次发掘的66座墓中，战国晚期秦墓52座，西汉墓8座，清代墓6座。本次发掘出土器物332件(套)，其中陶器251件，铜器57件，铁器9件，石器4件，骨器3件，瓷器8件。

52座战国墓葬皆为竖穴土坑墓，其中呈口大底小的竖穴式土坑墓37座，直壁竖穴式土坑墓14座，竖穴墓道土洞式墓1座。墓葬开口于耕土层下0.15~0.25米，墓口长2.5~4.5、宽1.5~3.4米，底长2~3.5、宽0.9~2米，深0.9~3.8米。葬具多为一椁一棺，棺痕多呈"亚"字形。人骨腐朽严重，从骨

西汉M9出土陶器组合

战国中期M12清理后状况(南—北)

痕判断葬式均为仰身直肢葬。随葬品多置于墓主头顶棺椁之间。墓葬基本组合为：陶鼎、壶、罐、敦、豆、杯、匜；缸、壶、豆；罐、壶、钵；罐、壶、釜；带盖壶、带盖罐等。其中带盖壶和带盖罐的组合墓最多。

M1，墓向8°。开口距地表约0.2~0.25米，为南北向长方形竖穴土坑，带生土二层台，口大底小。墓口长4.5、宽3.4米，底长2.95、宽1.7米，深3.8米。墓口向下深2.9米处，东西两壁留有生土二层台，台宽0.2、高0.9米。在墓坑的东北角有错开脚窝，宽0.14、进深0.1、高0.1米。葬具为单木椁、棺。椁痕呈"亚"字形，南北长2.65、东西宽0.82米，椁底南北两端皆有东西向凹槽，长1.26、宽0.16、深0.1米。棺木腐朽，仅存棺底灰痕。棺内有一具人骨，保存较差，从残存迹象判断为直肢葬，头向北，但性别、年龄不详。墓主头前棺椁间出土器物6件，有陶杯、陶壶、陶双耳罐、陶豆、陶匜、铁带钩各1件。

M5，墓向4°。开口距地表约0.2米，为竖穴墓道土洞式墓，平面呈"凸"字形，由墓道、墓室组成。墓道位于墓室南端，为倒梯形的竖穴土坑，平面呈南北长方形，上口长4.1、宽3.28米，底长2.88、宽1.9米，深3.12米。墓壁齐整、底平。内填黄褐色五花土，土质较硬。在西北角留有脚窝，上下错开排列。墓道北端距开口0.2米处，东、西壁各有一半圆形土洞，其作用可能是搭木架，便于下葬或出土之用。墓室掏挖在墓道南壁中部，为拱顶土洞室，东西宽1.4~1.48、进深2.88米，墓顶坍塌，残高1.6~2.4米，口高里低。室内被坍塌土和淤土充实。在墓门口处发现封门板灰。单木椁、棺葬具皆腐朽。椁灰长2.42、宽1.1米，棺底灰

战国中期铜璜(M12:1)

战国中期铜带钩(M12:2)

西汉铜鍪(M14:8)

长1.7、宽0.6米。棺内葬有一人，为仰身直肢葬，头向北，骨架腐朽成末状，其性别、年龄不详。墓主头前椁棺间出土陶器6件，器形有壶、杯、豆、敦、鼎、匜各1件，均保存较差。

西汉M14清理后状况(东—西)

8座西汉墓葬为M7～M9、M11、M14、M17、M55、M62，均为直壁式竖穴土坑墓。葬具多朽，个别为一椁一棺制，棺痕呈"亚"字形。人骨保存较差，基本能辨认为仰身直肢。墓口距地表0.15～0.25米，墓长2～4米，深0.8～4.1米。多随葬铜器，主要有鍪、盆、盂、带钩、印章等。随葬铁器以釜、鼎为主。陶器器物基本组合为：鼎、罐、壶；鼎、罐、钵；鼎、罐、壶、盆、盒、灶等仿铜礼器和生活用品。

M7，墓向15°，位于M8的东侧，从排列情况看，M7、M8、M9三座墓葬似为异穴合葬或家族葬。开口距地表深0.25米，为一南北向长方形竖穴土坑墓，墓坑长3.5米，南边宽2.2、北边宽2.4米，深0.8～1.1米。葬具为单木椁、棺，均腐朽成灰痕。椁痕呈"亚"字形，南北长3.1、东西宽1.83米，顶木两头伸出椁外，略上翘。椁内木棺已朽，尚存棺底灰痕长2.15、宽0.65～0.82米。椁底东西两侧有南北向沟槽，长3、宽0.14、深0.1米，清理沟槽中发现有木朽

西汉M14出土陶器组合

明清M52出土器物

痕。未发现墓主人骨架。在椁室内北部、椁棺之间出土器物10件(套),按质地可分陶、铜、铁三类,器形有陶壶2件(带盖),陶盒、陶灶、陶甑、陶鼎、铜盉、铜盆、铜蒜头壶、铁釜各1件,皆保存较差。

明清墓共6座,皆为竖穴土坑墓,主要分布于山梁的顶部,离丹江相对较远。开口于耕土层下,个别墓葬内保存有较完整的民窑青花瓷器,均置于头龛之内。

莲花池墓地发现的战国秦汉墓规模较大,分布相对集中,但相互之间无明显的打破关系(有三组应为同坟异穴墓),说明此墓地有可能是从战国晚期至西汉前中期一直沿用。战国晚期的墓葬从出土仿铜陶礼器分析有当地楚文化风格,从陶双耳壶等因素分析,与襄樊一带同时期秦墓相近。西汉墓中出土的秦半两钱、蒜头壶等也是典型的秦文化风格。因此,莲花池墓地应为战国晚期至西汉早期秦占领楚地后,当地葬俗文化的一种体现。从早至晚体现出一种楚文化风格渐弱,秦文化风格趋强,最终汉形成统一的文化内涵。

撰稿:张治强

明清M52清理后状况(西北-东南)

明清M52壁龛

丹江口金陵墓群

◉ 荆州博物馆

金陵墓群位于丹江口市钧县镇饶家院村之南，丹江口水库由北向南再向西拐弯的三角处，现隶属于丹江口市水产局金陵养殖场。墓群东、西、南三面临水，西部和南部为丹江口水库，东部为渔塘，紧邻墓群北部有一南北走向的岗地，最高海拔175米。墓群北部和东部为岗、冲相间的低矮山区。墓群海拔在133～142米之间，高出周围水面3～8米，北部地势较高，南部略低，整个墓群由若干个台地组成，台地之间为低洼地，坡度平缓。台地上种植油菜和红薯，大部分地方为荒地，低洼的地方原为渔池，现均已干枯。

考古人员使用全站仪测地形

为配合南水北调工程建设，根据湖北省文物局南水北调办公室的统一安排，2006年10月24日，荆州博物馆组织考古队对金陵墓群进行了考古发掘。计划完成勘探面积1万平方米，

墓群全景（东—西）

墓葬分布（西—东）

发掘面积2000平方米。

　　金陵墓群的总基点设在北部山岗最高处，地理坐标为东经111°08′01.7″，北纬32°33′54.3″，海拔高度175米，基点东距金陵渔场职工赵永南房基47.5米。另外在墓地西南和东南部的河岸边设了两个分基点，经纬度分别为111°07′47.8″、32°33′34.3″和111°08′07″、32°33′34.3″。除这些基点用水泥桩作永久标识外，为了今后的勘探和发掘工作方便，我们将所有已布的钻探探方的四角也用水泥桩标识，写上了桩号。同时，我们采用全站仪重新测绘了金陵墓群的详细地形图，每个测点都输入电脑，利用AutoCAD绘制了1∶1000和1∶500两种规格的地形图。

　　为了弄清金陵墓群的周围环境和墓地情况，我们进行了考古调查工作，在墓群东南部发现大量六朝和宋代的墓砖；在西南部和南部发现有两个残砖窑，时代可能是六朝时期的；在西南和西北河岸边的断面上暴露出一些土坑墓的墓口。通过调查，发现该墓群面积非常大，墓葬分布也比较密集。

　　由于金陵墓群面积大，地形复杂，为了方便今后的发掘工作，我们将整个墓群分为A、B两个区，以墓群中部的河汊为界，河汊以南为A区，以北为B区，此次发掘和勘探工作均在A区进行。A区的面积在7万平方米以上，从东向西由五个台地组成。考古勘探工作从2006年10月26日开始，11月13日结束，历时19天。

　　为了对整个墓地进行控制，同时也为了统一今后的勘探和发掘工作，我们用全站仪将整个A区布成了每个面积为50米×50米的钻探探方28个，编号ZT1～ZT28，总面积约7万平方

M9墓坑及砖室(北—南)

米。勘探工作是以每个钻探探方为单位，布成2米×2米的探孔网，在2米×2米的探孔中间加打梅花孔进行普探，发现墓葬以后再加孔卡边。

目前已勘探完的钻探探方有ZT1、ZT2、ZT9、ZT10、ZT20、ZT23、ZT24、ZT26和ZT27共9个，面积约19000平方米，在西南部的河岸边勘探2000平方米，总勘探面积约21000平方米。共发现不同时期的墓葬96座、窑址2座、古文化遗址1处。

金陵墓群的发掘探方采用分区布方法，探方编号采取分区统一编号，由英文字母A(B)T和4位阿拉伯数字组成，阿拉伯数字前两位表示由南向北的探方排位数，后两位数字表示由西向东的探方顺序数，即AT0101、AT0102、AT0103……

布方采用发掘探方和勘探探方相结合的原则。根据勘探资料，凡是有墓的地方均布方发掘，每个发掘探方布方面积10米×10米，根据墓葬大小确定发掘面积，或10米×10米，或10米×5米，或5米×5米。

勘探工作结束后即进入发掘工作阶段，发掘工作从2006年11月14日开始，2007年1月24日结束，共发掘探方33个，实际发掘面积2214平方米，另外在墓地西南部发掘墓葬31平方米，发掘总面积2245平方米。

墓葬发掘采用探方法，我们先进行大面积开方揭露，取掉所有探方表土，暴露墓口，照完发掘探方全景照以后，再发掘各个墓葬。

这次勘探共发现墓葬98座，已发掘墓葬79座，未发掘墓葬19座。

从已揭露出的墓葬来看，墓葬分布相当密集，特别是在2号台地上，1300余平方米的范围内就分布有40余座墓。

已发掘的79座墓分砖室墓和土坑墓两类。

砖室墓37座，时代均为唐、宋时期，大部分毁坏严重，有的仅剩底砖或墙砖，有的砖全部取完，剩下少量碎砖，墓顶大都无存，大多数墓没有发现随葬品。砖室墓分三种：第一种是用碎砖砌成窄长形的砖棺墓，第二种是单室带短甬道的砖室墓，第三种是单室砖室墓。

砖棺墓是用碎砖堆砌而成，头端略宽，非常简陋，多取用汉墓和六朝时期的墓砖，无随葬品。

砖室墓均为单室，有的在南端设有一个短甬道，砖室墓墙砖砌法为三横一丁，底砖为平铺人字纹，砖室墓长一般为2.9～3.7米，宽一般为1.4米左右。M9长5、宽2.5米，墓道长1.2米，是目前发现最大的一座砖室墓。

砖室墓出土随葬品主要是青瓷器和陶器，器类有青瓷碗、青瓷四系罐、酱釉四系罐、陶盘口壶、陶碗。青瓷器大多保存较好。

M8，墓坑长5.04、宽2.24米，在墓坑南部设有一个1米长的短斜坡墓道，砖室保存情况比其他墓要好一些，墓顶无存，东墙砖较高，砌法为三横一丁，有一个壁龛。在砖室前端的甬道内出土4件随葬品，有1件青瓷碗、2件陶碗、1件陶盘口壶，在盘口壶底有刻划文字"杨门贵"。

M9，墓坑长5、宽2.5米，墓道长1.2米。扰乱严重，残存少量券顶，是用专门的楔形砖砌成的。墙砖砌法为三横一丁，底砖为平铺人字纹。随葬2件青瓷碗和1件陶盘口壶。

西汉铜钫(M1甲:4)

西汉陶璧(正面)(M1甲:1)

M11，砖室结构与M9基本相同，出土有6件随葬品，其中有2件瓷碗、4件陶碗。

M15，墓坑长4.1、宽1.8米，墓道长0.6米。砖室毁坏严重，仅存少量墙砖、封门砖和底砖，在南部甬道内出土有1件青瓷碗、2件青瓷四系罐。

M81，砖室仅存少量墙砖和铺地砖，墙砖砌法为三横一丁，底

西汉陶仓(M1甲:6)

西汉陶璧(背面)(M1甲:1)

陶釜、甑(M59:1、9)

陶壶(M78:5)

铜戈(M78:2)

砖为平铺人字纹。在砖室南部出土2件青瓷碗。

土坑墓42座，均为土坑竖穴墓，时代有战国、秦、西汉、明、清。

战国墓均位于墓地西部的5号台地上，一般长2.4～3.2、宽1.4～2.2米。随葬品有陶鼎、敦、壶、豆、小口鼎、罍、盘、匜，铜戈、匕首、串饰、水晶环、鹿角等，棺椁均腐。

秦墓位于3号台地上，一般长2.5～2.94、宽1.3～1.9米。随葬品有陶绳纹圜底罐、盂、釜及铁鍪、"半两"铜钱。

西汉墓也位于3号台地上，均为西汉前期，墓葬均较大，其中M1有封土，封土直径22、高1.35米，封土下有两座墓坑，为夫妇异穴合葬墓。

M1甲，长4.05、宽3.05米，深5.6米，随葬器物多放于椁室东侧。有彩绘陶壁、陶鼎、铜鼎、铜钫、陶钫、陶仓、陶盂各1件，还有铜钱数枚。铜器保存很差，锈蚀严重，陶器除一件陶仓保存较好外，余皆残破。陶仓形制特殊，筒形，个体较大。从器物组合看，该墓为鼎、盒、钫，出现仓，应是西汉前期的墓。

M1乙，长4.7、宽3.6米，深7.06米。该墓早期被盗，除零碎的陶片外，还出有2件铜带钩。

M54，墓口长4.4、宽2.7～2.8米，深5.6米。墓坑口大底小，近底处垂直，墓底平整。墓内填土为灰白、黄、黑色五花土，填土较紧密，经夯筑。棺椁和人骨已腐，仅剩腐痕，可以看出是有椁有棺的墓。边厢在西侧，头厢在北端，头厢随葬有铜鼎2件、铜钫2件、陶鼎1件。边厢随葬有陶壶和陶瓮各1件，漆器已腐。时代为西汉前期。

西汉墓出土随葬品有铜鼎、铜钫、铜钱、陶盂、陶蒜头壶、陶绳纹圜底罐、陶双耳罐、陶鼎、陶盒、陶钫等。

明、清墓均为小型土坑墓，墓坑一般长2.5～2.6、宽0.6～0.9米。出土随葬品有铜钱、买地券、瓷碗、陶罐、陶钵、玉指环、银戒指等。

玛瑙环 (M79:12)

西汉M54铜器出土状况

瓷碗(M11：2)

西汉铜鼎(M54：2)

　　金陵墓群面积20余万平方米，有东周、秦、西汉、东汉、唐宋和明清时期的墓葬，墓地面积之大，墓葬分布之密集，延续时间之长，是整个丹江口库区少有的。对它的科学发掘，必将为研究丹江流域战国、秦汉以及唐宋时期的社会、经济等提供重要的资料，特别是大量唐宋时期砖室墓的发掘，为研究唐宋时期砖室墓的形制特点、建筑方法等提供了重要的实物资料。

撰稿：刘德银

西汉铜钫(M54：3)

丹江口雷陂墓群

◉ 青海省文物考古研究所

　　雷陂墓群位于丹江口市均县镇黄家槽，西临丹江口水库，东接山根，北至岗家沟，南与金陂墓群相隔一江湾。中心地理坐标为东经111°07′29.3″，北纬32°34′32.7″，海拔132～145米。东高西低，面积约8万平方米。丰雨期该区域常被丹江水淹没。江湾及西南－东北向谷地把雷陂分为四个相对独立的低缓狭长小山包。墓葬主要分布在雷陂西南部一处低缓的山包上，该山包顶部平缓，土层深厚，面积约1万平方米。

田野绘图（北－南）

钻探现场（东北－西南）

　　受湖北省文物局南水北调办公室委托，青海省文物考古研究所于2006年11月至2007年1月对雷陂墓群进行勘探和发掘工作，其中勘探面积38000平方米，发掘面积1028平方米。发掘晋代和明清时期的墓葬26座，出土青瓷四系罐、青瓷盘口壶、青瓷碗、青花瓷碗、铜钱、铜镜、陶罐等器物50余件。

　　发掘西晋墓葬共5座，墓葬破坏严重，均

墓群全景

明晚期M1墓室全景（南—北）

M7墓室全景（南—北）

为砖室墓，墓向多为90°左右。分"刀"形墓和长方形墓两种，墓葬一般由墓道、封门、砖室组成。墓砖有绳纹砖、模印凸棱菱形花纹砖、"泰始三年"的纪年砖等。残存的随葬品较少，有"位至三公"铜镜、青瓷盘口壶、青瓷碗、青瓷四系罐、铜釜、银指环等遗物。

发掘东晋墓葬共5座，墓葬破坏严重，均为砖室墓，墓向为90°左右。均为"刀"形墓。墓葬一般由墓道、封门、甬道、砖室组成。墓砖有绳纹砖、模印凸棱菱形花纹砖、云雷纹砖、太阳纹砖、乳突纹砖、"位至三公"文字砖、纪年砖等。残存随葬品较少，出土器物有神兽铜镜、青瓷四系罐、银手镯、银簪等。

发掘明清墓葬共16座，均为土坑墓，不见封堆。依埋葬方式的不同可分四类：

I类墓葬：共4座，梯形竖穴土坑墓，单人葬，梯形木棺，木棺底部四角各垫一块六朝时期的青砖，铁质棺钉，折顶方锥尖钉。随葬品多置于头龛内，均为1件罐和2件青瓷碗，从出土器物判断该类墓为明代早期。

II类墓葬：共6座，梯形竖穴土坑墓，单人葬，梯形木棺，

西晋M23墓室全景（南—北）

西晋陶盘口壶（M23：1）

西晋"位至三公"铜镜（M23：3）

西晋"泰始三年□□"纪年砖（M6：4）

西晋青瓷四系罐（M23：6）

东晋青瓷四系罐（M24：1）

东晋太阳纹陶砖（M24：砖2）

铁质棺钉，扁顶方锥尖钉，人骨头部下均有完整的弧形板瓦，有的人骨足跟侧竖一块六朝时期的花纹砖。有的口含1～2枚铜钱，可以辨认的有"圣宋元宝"、"政和通宝"、"熙宁元宝"等宋代旧钱。个别墓葬有头龛，龛内置一件罐，罐上倒扣两件青花瓷碗，从随葬器物判断大致为明代中晚期。

Ⅲ类墓葬：共2座，梯形竖穴土坑墓，双棺双人合葬，梯形木棺，棺钉为扁顶方锥尖钉。人骨头部枕瓦。随葬几枚铜钱，多锈蚀严重，可以辨认的铜钱有："开元通宝"、"元祐通宝"、"至道元宝"、"天禧通宝"等宋代旧钱。填土中有细碎的青花瓷片，瓷胎轻薄白细。据填土中的瓷片和埋葬方式判断大致为明代晚期至清代早期。

明代青瓷碗(M15:2)

明代青瓷碗(M16:1)

明代陶罐(M4:3)

明代青花瓷碗(M17:1)

Ⅳ类墓葬：共4座，方形或长方形土坑，不见人骨和木棺，但底部一般有平置的土坯、残砖和棺钉。个别土坑有二次掘开的迹象，底部有生土二层台或熟土二层台。填土中有少量的青砖块、瓦片和青花瓷片。两座土坑分别打破另外两座土坑，打破与被打破的土坑平面成90°夹角。根据坑底的迹象、填土中的包含物并结合当地的民俗资料判断这几座方形土坑遗迹为清代早期的迁出葬墓。

该墓地10座晋墓中，有4座的年代是比较确切的，对该地区晋墓的分期提供了新的参考。同时这些墓葬也反映了该地区两晋时期埋葬方式的细微变化：西晋早期的墓葬规模较小，形制有长方形墓和不带甬道的刀形砖室墓，墓砖的规格略小，花纹种类较少，以同心菱形花纹和文字砖为主；青瓷四系罐器形矮扁，腹径与通高相当。东晋时期墓葬形制较大，以带甬道的刀形砖室墓为主，墓砖规格略大，花纹除沿用原来的同心菱形花纹、对角三角纹外，新出现了太阳纹、双乳突纹；青瓷碗外沿有一周凹弦纹，四系青瓷罐器形略高，通高大于腹径。

明清时期墓葬埋葬方式有着一定的变化规律，单人葬墓葬的平面形制由大变小，小龛距墓底的高度由高变低，由棺底垫砖习俗变为棺内枕瓦和棺内脚底垫砖的习俗，由并穴合葬变为同穴合葬，为了同穴合葬的需要从而出现了用于临时搁置棺椁的迁出葬墓。

撰稿：肖永明

丹江口方家沟墓群

◉ 陕西省考古研究院

　　方家沟位于丹江口市均县镇南约1500米处，中心地理坐标为东经111°08′34″，北纬32°39′14″。其范围东临丹江口水库，西至公路，北至均县镇，南至方家沟，包括方家沟、大小徐家沟、郑家沟等几条自然沟壑。

　　方家沟属于关门岩村下的一个村民小组。关门岩村和均县镇同处一条街上，这条街是1958年国家修建丹江口水库时，古老的均州被水淹以后从江边搬迁后形成的。也就是说，古均州、均县镇、关门岩实际上是一个地理概念。

　　古均州是一座有2000多年建制的古城，据《均州志》记载："均州夏、商、周为豫州所辖，与雍州相邻。春秋属麇，鲁文公十一年(前616年)楚子伐麇，麇亡属楚。战国属韩及楚，称均陵。"由于汉江和丹江就在均州汇合，因此这里就成了长江文明和黄河文明相互融合的重要通道，是秦文化和楚文化相互争夺的重要地区。

　　关门岩山岗横卧汉江南岸，东、南、北环丹江水库，山势阻拦，地势向北倾斜，属低山丘陵，平均海拔263.9米。山岩下的缓坡地带直至古均州城地势比较开阔，是人类生存繁衍的理

郑家沟遗址Ⅱ区

明代晚期卵石遗迹(FZ133)

明代晚期中部的砖础遗迹(FZ135)

明代晚期西南隅的遗迹(FZ126)

想之地。由于这里紧靠汉江，历史悠久，沿江边的古文化遗存相当丰富。当地文史资料记载，关门岩村以北2.5公里处曾发现五代十国梁王之墓。

方家沟墓群的田野发掘工作从2006年11月初开始，到2007年1月底结束。共完成发掘面积3000平方米，发掘明代晚期建筑遗址2处，宋代到清代墓葬69座。另有8座虽已探明，但由于属近代墓葬，故未予清理。为了发掘工作的方便，我们把发掘区分成Ⅰ、Ⅱ、Ⅲ区。

Ⅰ区位于郑家沟口。这里是一处明代晚期的建筑遗址，上面叠压着清代中晚期的墓葬。我们在这个区域布10米×10米探方30个，实际发掘14个。F1是一处院落式的建筑遗址，其范围覆盖了Ⅰ区的大部分。M3是一座明代晚期的砖室墓，规模较大。其他探方或是墓葬与建筑遗址打破、叠压，或是单独分布有墓葬，基本上没有空方。

Ⅱ区位于Ⅰ区以北200米处的丹江口水库边缘。这里也是一处建筑遗址与墓葬共存的区域，但以墓葬为主，而且墓葬分布比较密集，打破关系复杂。因此我们布10米×10米的探方15个，实际发掘14个。F2坐落在这个区域的T0101和T0201之中，是一处明代晚期到清代早期的房屋建筑遗址。这个区域内的46座墓葬，规模虽不大，但时代跨度较长，打破和叠压关

M21全景

系复杂，最早的可以到宋代，最晚的可以到清代晚期。迁葬和二次葬的现象比较普遍。

Ⅲ区位于方家沟口前船舶东南约200米处。这里钻探出4座墓葬(M1、M2、M4、M5)。发掘清理后，发现勘探出的M1、M2实为一座墓，因此，把钻探中的2个编号合并。这是一座形制较大的双砖室墓，长7、宽4.5、深3米，经过扩方发掘，实际已超过了10米×10米的探方规格。

这个墓群有以下几个特点：一是遗址和古墓葬共存，并同处一个区域。墓葬或是叠压，或是打破遗址，尤以Ⅰ区和Ⅱ区最显著；二是遗迹多集中分布在沿江边的缓坡地带，尤以郑家沟的沿江一线最为集中；三是文化堆积相对较单一，最深处是4.7米，厚度一般都在0.15~0.3米之间；四是勘探区多为沙岩土质结构，坡势陡峭，这种地形基本上不具备早期墓葬形成的地理环境。

这次发掘的两处房屋建筑遗址，时代当在明代晚期。引人注目的是，F1是一座比较完整的庭院式建筑，其布局严谨，规模宏大。清代晚期的墓葬或叠压，或打破F1。围墙是用砖瓦堆砌而成，长23.2、宽16.85米。庭院前横贯一条青砖铺砌成的路面，残长10、宽约2米。路面西南端外侧有一"┗"状青石条。进入庭院的过道残长6、宽3.35米，每间隔0.5米就有竖向的青砖将路面分隔成四排，卵石路基两边依次用青砖和长条青石镶边，清晰壮观。卵石路基的两侧是房屋建筑。房子长宽大小相同，长6、宽4.5米。墙基是用青砖砌成，宽0.5、残高0.2米，沿墙基有大石柱础10个，两侧有小石柱础。地面堆满瓦砾残片，红黏土踩踏地面比较平整。地层中出土的"大明年造"、"大明成化年造"等瓷器标本款识具有十分明确的时代特征，瓷器图案上的"天官图"内容也多流行于明代晚期。不仅如此，这些瓷器的时代比较集中，尚未发现清代中晚期的遗物，这就为其年代的确定提供了有力的证据。F2虽然没有打破关系，但是在清理地面时发现的瓷器标本，时代也在明代晚期。因此，这两处房屋建筑

银戒饰 (M21:4)

瓷碗 (M22:2)

明代晚期瓷片 (T0204②:01)

明代晚期瓷片 (T0105②:03)

陶单耳罐 (M34:1)

铜元宝 (M29:2)

发饰 (M29:3)

　　遗址的时代均可定在明末清初。

　　这次发掘的墓葬情况比较复杂，从时代上包含了宋、明、清三个时期。

　　宋代墓葬32座，均为土坑竖穴墓。除M40外，其余31座的形制虽基本完整，轮廓清楚，墓底也很平整，有的还是砖砌的，但就是未发现葬具和遗骨痕迹。对这些墓葬，我们也把它放在宋代一并考虑。这是因为，墓葬习俗有着比较鲜明的时代、地区和族群特色。考古发现表明，宋金时期，北方地区的许多墓葬多人同墓同室，最少者一墓2人，最多者一墓7人的现象比较常见。如耀县董家河两座金墓一墓3人、一墓2人，山东高唐金墓同室4人，西安北郊金墓同室3人，兰州中山林金墓同墓4人，静宁金墓同墓4人，韩城金墓同墓7人。这种多人同墓同室安葬的死者肯定不是同时亡故的，当是从异地迁葬来的。那么不同时期死亡的人为什么要同墓安葬？有南宋的资料是这么叙述的："有念求吉地未能惬意，至十数年不葬其亲者。有既葬以为不吉，一掘未已，至掘三掘四者。有因买地致讼，棺未入土而家已萧条者。有兄长数人惑于各房风水之说，至骨肉化为仇雠者。"方家沟的这次考古发现，说明这种葬俗影响之范围相当广泛。古均州地区是长江文化与黄河文化交汇碰撞的热点地区，自然当在其中。因此，与M40同处一墓区的这批空墓，当是宋代迁墓习俗所致。至于他们从这里迁到何处？不得而知。

明代墓葬2座，都是带有墓道的砖室墓，特别是M3的青砖形制、大小与古均州城墙上的相差无几。两墓均多次被盗，随葬物几乎被盗一空。M1出土的墓志砖本应对确定墓葬年代具有关键作用，但字迹无法辨识。不过，出土的嘉靖、景德、元丰铜钱，时代一致，再与出土的青花瓷碗一并考虑，定其明代是不会有什么问题的。

M3的盗扰情况比M1更甚。从出土的墓砖来看，与均县城搬迁时的墙砖相似，说明其时代不会早于明代。墓底的圆坑与陕西大荔发掘的清代墓葬相似。虽然两地相距比较遥远，但这种葬俗当是相通的。另外，出土的馒头形陶饼，也与陕西大荔清代墓出土的五镇石的用途相似，其作用当是用来辟邪的，这在当时可能是一种具有时代特色的比较普遍的葬俗。大荔李氏家族墓地的时代在明末清初，因此，我们可初步判定该墓的埋葬时间在明清之际。

清代墓葬35座。全为长方形竖穴土圹结构，葬具一棺，骨架基本保存完好，随葬物多为陶、瓷器和铜钱，置于头端。多数分布在Ⅰ区，其次是Ⅱ区。这些墓葬地层关系十分清楚，均叠压或是打破了明代末期的F1上。出土的铜钱几乎都是清代早期的，有康熙通宝、乾隆通宝、嘉庆通宝，只有M47和M48出土了稍晚的道光通宝，且这两座墓还独处在Ⅱ区。这批墓葬的葬俗比较一致，早期头端或置一陶盂、或置一陶罐。有的足端还置有土坯，有的头骨两侧置有瓦。这种葬俗与南京雨花台发掘的一批明清时期的家族墓葬酷似。据史料记载，在明代，后人在给长辈下葬时，都要在死者头顶上放置一个小陶罐，以示对死者的尊重。

瓷器是这次发掘出土的主要遗物。从这些瓷器标本来看，一是时代相对较集中，几乎都是明代晚期到清代早期的遗物，还没有发现更早和更晚的。二是均为民窑烧造，没有发现官窑器物出土。这说明明清时期，古均州是南方民间瓷器运往西北的重要通道。

这次考古发掘为研究古均州的历史和南北文化的交流提供了重要的实物资料，特别是对于研究宋金时期和清代南北葬俗文化的传播交流具有重要意义。

撰稿：田亚岐　刘明科

丹江口何家湾墓群

◉ 内蒙古自治区文物考古研究所

　　何家湾墓群位于丹江口市土台乡(原隶属于习家店镇)龙山咀村一队，东面和北面为高山，西边为库区水面，山坡地上种植橘树及各种农作物。1994年11月调查，2004年10月复查。经过调查，初步确定墓地面积2万平方米，中心地理坐标为东经111°10′50″，北纬32°37′45″。海拔146～178米。墓葬时代为汉、晋、宋、清。

　　受湖北省文物局南水北调办公室委托，我所承担了丹江口市何家湾墓群的发掘任务。发掘工作自2006年11月开始，目前已完成勘探面积11万平方米，发掘面积950平方米，清理墓葬16座。其中砖室墓4座，M1被江水冲毁，仅残存三分之一。M11和M12两墓并排，历经盗掘破坏。M12已不见墓砖和人骨，在墓圹堆积中发现有可复原青花瓷碗、蟹青釉瓷罐各1件。M16系山体滑坡造成破坏，未见任何遗物，当在滑坡之前即已经盗掘破坏。土坑木棺墓12座，情形大致相同，一般在耕土下暴露，柏木棺腐蚀严重。这类墓虽未经盗掘，但随葬品较少，有的墓中仅随葬陶盆、康熙铜钱，有的没有遗物。

墓群全景

土坑墓发掘现场

　　本次发掘出土(包括采集)器物18件，有陶器、瓷器、银器各3件，铜器9件，器类有陶盆、陶罐、陶香炉、青花瓷碗、瓷罐、银戒指、银簪、银扣及部分构件，另有铜钱28枚。

　　通过出土遗物的形制特征及"康熙通宝"铜钱判断，这些墓葬的大致时代为清代。墓葬结构分为两类：富有家庭筑造的砖室墓，贫民的为小型土坑木棺墓。随葬物也存在着鲜明的差别，砖室墓一般随葬青花瓷器；土坑墓墓主人头枕瓦片，随葬品甚少，有的随葬陶盆、铜钱，大多数墓葬仅随葬铜钱，也有的不见随葬品。这些墓葬为研究清代当地居民的葬俗及社会状况增添了实物资料。

　　M16基岩上滑坡痕明晰可见，应是丹江口水库蓄水之后造成的，是库区水文研究的重要资料。

　　通过勘探发掘确认，何家湾墓群墓葬几乎都在海拔150米线以下分布，与1994年调查

陶盆(M3:1)

勘探现场(东—西)

清代M11（西南－东北）

陶香炉（M11：4）

陶罐（M11：5）

青花瓷碗（M12：1）

制定的古墓群价值评估表遗迹现象记述的"大多被水冲毁，破坏严重，有的暴露墓框，有的暴露墓底，有的还淹没在水下，在水边清晰可见……"情形一致。至于调查时确定的墓葬时代"汉晋宋清"，也只是在江边采集到几何纹砖残块，这类砖可能是南北朝时期的。

撰稿：苗润华

青瓷罐（M12：3）

郧县

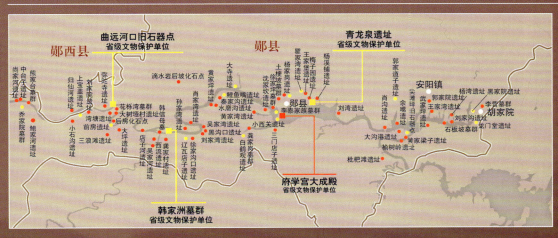

　　郧县地处鄂豫陕三省边沿，汉江上游下段，位于十堰市东北部。境内高山与盆地兼有，沟壑与岗地交错，全县国土面积3863平方公里。

　　根据南水北调工程文物保护总规划，郧县涉及文物点81处，其中地下文物点74处。涉及普探面积17万平方米，重探面积0.3万平方米，发掘面积13.8万平方米。地面文物点7处，涉及建筑面积5278平方米。

郧县尖滩坪旧石器点

◎ 中国科学院古脊椎动物与古人类研究所

　　尖滩坪遗址位于郧县青山镇白果树村，处于汉水在郧县境内向下游流动经过的一个近乎180°的拐弯地带，遗址面积大于200万平方米。在南水北调中线工程的前期调查中此地发现了一些旧石器遗物，并被确定为工程开工前进行抢救性发掘的旧石器地点之一。我们于2006年12月10日开始进行初步调查，寻找在工程前期调查中发现的线索并确认即将进行发掘的合适位置。在原始经纬度附近的调查工作进行得并不顺利，开始没有见到预期的遗物，直到在河岸东区和北区靠近河岸的不同部位都发现了旧石器遗物。16日我们试着布了4个探沟、12个探方，探沟规格分别是20米×1米、15米×1米、10米×1米、5米×1米，探方为5米×5米，方向（顺岸边地势）北偏东60°，正东90°，北偏东120°。遗址东部、东北部所布探沟之一的上部位置出土了8件打制石器，然而，地层的扰动现象也比较明显。另外三条在挖掘中未发现任何遗物，下部土层较为纯净，观察确定为生土。在进一步调查中于遗址西部地表布方的两个原生层位分别发现石英质打制石器（砍砸器和石片），下部地层有较多钙质结核，与已知均县北泰山庙和双树遗址旧石器出露层位吻合。因此决定放弃原有区域的布方阵容，而在西部区域重新布方，以期在地层中发现更多的旧石器。该地地理坐标为东经110°58.716′，北纬32°47.753′。

北区与南区远眺(西—东)

遗址发掘区远眺(东南-西北)

北区探方全景(东南-西北)

　　在勘察到可靠地层部位的前提下，开始正式布方，分别从东向西取字母顺序，从南向北取数字顺序，布为A1~C4，D11~D13，E12~H15，F16~H18共40个方格区。目前基本认为布方所在阶地为第2级阶地，出土遗物层主要为2~3层，总体地层有6层。

自12月20日起从布方区域探方的发掘中开始出土遗物，有石制品和石器的备料（系与发现的石制品原料一致的卵石，应与人类活动有关）。至1月中，已出土石制品458件，备料96件。石器类型有石核、石片、手镐、薄刃斧、砍砸器等，最大的为一件手镐，长23.6、宽10.8、厚5.8厘米，最小的长0.5、宽0.4、厚0.2厘米。质地以石英为主，比例近80%，其他有石英岩、砾岩、泥岩等8种不同的岩性。打制石器的石英质地碎片较多，有不少特征明显、性状清楚的石英石片。已出土薄刃斧2件、手镐近10件，其质地以硅质岩和泥岩为主，手镐中有砾岩、硅质岩、泥岩等。石制品来自自然层的2层和3层。遗物分布不均衡，如出土石制品较多的探方E14和E15各有90件和43件，其他

光释光和孢粉取样现场

出土石制品较多的方有30、20、10多件的情况，个别方只有2件，仅有两个方未见任何遗物。

至1月29日发掘结束，共发掘出土遗物890件，其中石制品680件，石锤49件，卵石备料118件，骨化石16件，动物牙齿化石11件。石器类型有石核、石片等基本类型，以及手斧、手镐、薄刃斧、砍砸器等大型工具类型和刮削器等各类小型工具，最大的工具为长23.8、宽10.6、

手斧出土现场（G16）

发掘现场

北区发掘现场

工作人员测量并绘制遗迹现象

晚间室内工作场景

地层岩性样品取样现场

厚5.8厘米，重1300克。最小的为石英质地碎片，仅有几毫米。石核、石片和砍砸器类型的质地以石英为主，手斧、手镐和薄刃斧以硅质灰岩为主。小型工具类型以石英为主。其他有石英岩、砾岩、泥岩和砂岩等岩性。器物类型中石核67件（含砸击石核8件），完整锤击石片141件，砸击石片18件，修理石片8件，使用石片11件，不完整石片188件，手斧1件，手镐9件，薄刃斧2件，砍砸器24件，石刀1件，刮削器36件，锯齿刃器7件，凹缺器11件，尖状器1件，断块74件，碎片80件，凿形器1件。石制品均出自自然层的2层和3层。采集标本59件，器类有手斧、手镐、砍砸器、刮削器、石刀、石核、石片等，从出露位置和层位的关系看大

手镐出土现场

薄刃斧出土现场

硅质灰岩手斧（G16②：780）
（中更新世晚期）

手镐出土现场

薄刃斧

部分小型工具标本

硅质灰岩手镐（G18②：286）
（中更新世晚期）

部分与发掘方内的文化层相当，属于2或3层。从地貌堆积情况推断其所处的时代为中更新世中后期。

目前深入的整理工作还在进展当中。应该说，这次发掘工作取得了良好的效果，超出预期的收获。新材料的发现不仅扩大了我国南方含手斧工业分布的范围，延伸了它的时代，也丰富了我国旧石器时代这类工业类型的文化内涵。

撰稿：侯亚梅　李英华

郧县曲远河口旧石器点

◉ 湖北省文物考古研究所

　　郧县人遗址位于十堰市郧县青曲镇弥陀寺村，地理坐标为东经110°35′07″，北纬32°50′01″，东北距青曲镇约10公里，沿汉水顺流而下约40公里可至郧县城关。曲远河自北向南在遗址附近汇入汉水。当地居民将小河入江一带称为曲远河口。由于遗址所处梁子之上原有一个弥陀寺小学，因此这个梁子又称为学堂梁子。

　　汉水两岸的砂砾层中含有不少动物化石，村民在淘金时偶有发现。1989年5月，郧县博物馆的文物干部王正华和郧西县文化馆干部屈胜民，根据已掌握的化石线索，到曲远河口一带进行文物普查工作，在学堂梁子中部一处结核碎块较多、距地表下0.4米的地点，发现一具基本完整的远古人类颅骨化石——郧县人Ⅰ号头骨。1990、1991和1995年，由湖北省文物考古研究所主持，联合郧阳地区博物馆、郧县博物馆，对郧县曲远河口旧石器时代遗址Ⅰ区先后进行了四次发掘。1990年的正式发掘中，在地层中又发掘出土了一具更为完整的远古人类头骨化石——郧县人Ⅱ号头骨，同时还发现了一批伴生的动物化石和石制品。这一发现和研究，受到国内外同行的重视。2006年12月至今，为配合南水北调中线工程，湖北省文物考古研究所组成郧县人遗址考古队对遗址进行第五次发掘，本次发掘面积2500平方米。2006年以前的考古发掘都是在Ⅰ区进行，本次发掘则分布在第Ⅰ、Ⅱ、Ⅲ、Ⅳ区，其中第Ⅰ区发掘面积500平方米，第Ⅱ、Ⅲ区发掘面积1000平方米，第Ⅳ区发掘面积1000平方米。我们参照国际上较为先进的旧石器考古发掘方法，布1米×1米的小格探方，对出土标本的自然层位和水平层位、深度、坐

遗址远景

I 区全景(西—东)

标、方向、倾向、倾角、尺寸、日期等现场考古发掘信息进行客观翔实的记录。

曲远河口一带是由汉水侵蚀形成的基座阶地组成。汉水河谷本身是由震旦纪郧西群的变质岩系构成的峡谷地貌。

第一级阶地是高河漫滩，高出水面5～8米，在野外仅看到黄褐色粉砂层，是丹江口水库水面涨落处。

第二级阶地高出水面15米，上覆黄褐色砂层，钙质胶结；下面是灰色砂砾层，砂质胶结。砾石主要由灰岩、石英岩及砂岩等组成，砾石分选差，砾径大小不一，大者30厘米，小者1～2厘米，一般为10厘米左右。

第三级阶地高出河面25米，其上覆黄色砂质黏土，厚9～11米；其下是灰褐色砂砾层，砂质胶结，性松散，砾石分选差，主要由灰岩、石英岩等组成，砾径大小不一，大者20厘米，小者2～3厘米，一般为5厘米，磨圆度好，厚3～6米。

第四级阶地是含郧县人及伴出的哺乳动物化石、石制品的遗址。其地质剖面从上到下为[1]：

4层：红褐色含铁锰质成分的黏土，垂直节理发育，黑色铁锰质成分从上到下有逐渐减少的倾向。出石制品。

3层：灰黄色黏土，含钙质结核薄层。出人类化石、哺乳动物化石及石制品。

2层：灰白色细砂层，非常松散。出哺乳动物化石及石制品。

1层：砂砾层。

震旦纪变质岩系(SWW90)，主要为石灰质片岩，表面风化剧烈。

郧县人遗址发现的两具颅骨化石材料引起国内外众多专家学者的关注，研究成果也非常

---

[1] 此为地质学地层编排顺序。

丰硕，关于这两具颅骨化石材料的古人类学研究有三种不同的观点：1）贾兰坡先生认为郧县发现的颅骨属于南方古猿类型；2）李天元先生认为属于直立人类型；3）张银运先生认为属于早期智人类型。

郧县人遗址Ⅰ区早年考古发掘发现的哺乳动物化石颇多，经初步鉴定，大致有如下种属：竹鼠、蓝田金丝猴、无颈鬃豪猪、虎、豹、裴氏猫、爪哇豺、似狗獾、西藏黑熊、桑氏鬣狗、大熊猫武陵山亚种、剑齿虎未定种、东方剑齿象、三门马、中国貘、中国犀、李氏野猪、小猪、秀丽黑鹿、云南水鹿、麂未定种、大角鹿未定种、短角丽牛、水牛未定种。

郧县动物群最主要的特色是具有南、北动物群的色彩，其中既有华北地区动物群中的典型种类三门马、李氏野猪、短角丽牛及大角鹿等，又有属于华南的大熊猫－剑齿象动物群种类的大熊猫、中国貘、中国犀、小猪及麂等，这说明郧县动物群有南、北混合的特点。同时

第五次发掘工作场景

动物群中有少数第三纪残留种，如剑齿虎，以及第四纪早期的典型种，如云南水鹿、秀丽黑鹿及桑氏鬣狗等，显示这个动物群在时代上较早的特点。

2006年以前共发现石制品291件，其中发掘出土的有207件，扰土层中发现的有14件，地表采集的有70件。石制品中有石核、石片、砍砸器、刮削器、石

手镐(IVT5630：1)

手镐(IVT4136：2)

手镐(IV区采集)

手镐(IVT4236：4)

手镐(IVT4236：2)

手镐(ⅡT7404：13)

锤、碎片(碎块)和有打击痕迹的石块(砾石)等七类。

2006年12月至今的第五次发掘中，Ⅱ区发掘出土标本992件，Ⅲ区发掘出土700件，Ⅳ区发掘出土349件，更多的材料还会在今后的发掘中不断出土。经初步观察石制品中大致分有石核、石片、砍砸器、刮削器、石锤、手镐、碎片(碎块)和有打击痕迹的石块(砾石)等，其中更有许多加工较精美的手镐和半手斧。值得注意的是，郧县人遗址的四个发掘区虽然都是在同一个土梁子上，但各个发掘区之间相距较远，如Ⅱ、Ⅲ区距发现郧县人Ⅰ、Ⅱ号头骨的Ⅰ区有1000多米，Ⅳ区距Ⅰ区较近却是处在海拔更低的三级阶地上。这几个发掘区都发掘出土了丰富的石制标本和化石标本，而且在发掘中我们发现包含石制品及动物化石的地层堆积厚达9米，这说明郧县人遗址保存的堆积无论是在面积上还是在厚度上都是非常可观的。

砍砸器(ⅣVT5531：4)

砍砸器(ⅣVT5630：3)

砍砸器(Ⅳ区采集)

有关专家对郧县人遗址发掘出土的石制品进行研究发现，郧县人遗址的石制品同南方广大地区发现的石制品有较多的共同点：锤击法以打片为主，砾石石器多而石片石器少，有一定数量的两面器，缺乏尖状器、典型的端刮器等石片石器。二者间也有不同之处：郧县人遗址发现有多疤台面石核，这是修理台面的一种，在南方广大地区时代较早的石制品中尚未见到有关修理台面的标本。从现有的材料判断，郧县人遗址发现的石制品比较接近南方地区，似乎可以把它们归于同一文化传统。

由伴出的哺乳动物化石看来，郧县人遗址发现的哺乳动物群，在性质上很接近蓝田公王岭和山西芮城匼河发现者，它们的时代大致相当，都可划归早更新世晚期，大致为距今100万年。

根据阎桂林先生对学堂梁子第四阶地剖面的古地磁研究，学堂梁子郧县人遗址的堆积大部分都是在松山反向极性世，即早于距今73万年。学堂梁子发现的石制品虽然分别出自下、中、上三个文化层，但都可看作是同一阶段的产物，都是郧县人制造和使用的文化遗物。发现石制品的时代可以划归早更新世晚期，其文化时代属于旧石器时代早期，大致相当于蓝田公王岭和芮城匼河发现者，而早于周口店北京人地点、湖北大冶石龙头和贵州黔西观音洞发现者。

早更新世的众多地点中，有的地点只有人类化石材料而无石制品发现；有几个地点有较好的地层古生物依据，但可惜石制品发现数量过少，还难于进一步讨论其文化特点；有几个地点发现的石制品数量可观，但可以断代的哺乳动物化石发现不多，年代问题尚需进一步做工作；同时发现有人类化石、石制品

多台面石核(ⅣVT4432：7)

刮削器（IVT5631：3）

刮削器（II T7403：20）

刮削器（III T7604：1）

和哺乳动物化石的仅巫山龙骨坡、元谋上那蚌、蓝田公王岭、郧县曲远河口、郧县梅铺等五处。在这么多的发现中，郧县人遗址有清楚的地层关系，有数量可观的哺乳动物化石，有一定的测年数据，有两具相当完整的人类头骨化石，有丰富的石制品，而且保存的堆积相当多，为进一步发掘、寻找更多的材料和探讨有关学术问题提供了良好的条件。在中国发现的古人类遗址中，从材料的全面性、完整性、丰富程度、可能解决的学术问题和可持续性等方面衡量，郧县人遗址的重要性仅次于周口店北京人遗址。

郧县人化石的发现，是最近十年我国古人类学的最重要的发现之一。它不仅是增加了人类化石的新材料，而且其形态特征为探讨系统地位的归属和中国远古人类的演化模式提供了又一重要例证。

郧县人遗址发现的石制品，在旧石器时代考古学上为探讨南方砾石文化的起源与发展提供了重要的资料，对南方和北方旧石器时代早期文化的关系提供了有意义的信息。从技术类型的角度看来，郧县人遗址的石制品既有南方的特色，又有北方的特色，甚至还有西南地区的特色。这有可能把孤立的南北二元结合成为一体，对进一步认识中国旧石器时代文化的特点起到一定作用。石制品的拼合结果表明它们是原地制造、原地埋藏，这有助于说明遗址的性质。

根据地层、发掘情况，可知郧县人的石制品发现于"红土"堆积、"黄色堆积"和灰白色细砂层，而以"黄色堆积"为主，其中"红土"堆积和"黄色堆积"的接触关系很清楚，为南方第四纪堆积物的年代确定和划分建立了一个例证。在某种程度上说来，部分地解决了"红土"堆积发现石制品的时代问题。

哺乳动物化石的研究表明郧县动物群具有南北过渡地区的特点，这对探讨我国早更新世动物群的演变和迁徙、气候环境的变化都是重要的信息。

剑齿象臼齿化石

撰稿：陆成秋

摄影：余　乐

郧县大寺遗址

◎ 湖北省文物考古研究所

大寺遗址位于十堰市郧县城关镇后店村二、三组境内。东距县城约3公里。地处汉江与堰河交汇处的二级台地上。地理坐标为东经110°45′26.3″，北纬32°51′08.8″。海拔145米。汉江自西向东经遗址南侧流过，堰河由遗址北部经西侧注入汉江，中间形成三角形台地。

发掘现场

2006年10月，湖北省文物考古研究所为配合南水北调工程，对郧县大寺遗址进行了抢救性发掘。发掘面积1400平方米。发掘过程中我们注重处理好遗迹之间的叠压与打破关系，并对典型地层和灰坑采取了筛选法和浮法采样，以便更好地收集各类自然遗物标本。12月19日，省文物局率领专家组对大寺遗址发掘工地进行了全面检查。发掘工作自2006年10

遗址外景

月中旬开始，于2007年2月上旬全部结束。

大寺遗址地层堆积大致可分为东西两部分。文化内涵以新石器文化为主，有少量周代和唐宋时期地层堆积。除文化层外，还有零星战国楚墓和西汉墓葬分布。文化层堆积东部较厚，可分九层。大部分由西向东呈坡状堆积，厚约6米。第1、2、3层为近现代层。第4、5层为唐宋时期文化层，出土唐宋时期瓷片。第6、7层为周代文化层。出土遗物以灰陶为主，还有少量黑皮陶。纹饰以绳

筛选采样

纹为主，有少量暗纹。器形有扁足鬲、罐、豆等。第8、9层为仰韶文化层。出土遗物以夹砂红褐陶为主，泥质红陶和橙黄陶也占一定比例，石器和骨器较少。器形有鼎、罐、瓮、碗、钵、杯等。西部较薄，大致可分六层。呈水平状堆积。厚一般约0.8～1.55米。第1、2层为近现代层。第3、4层为屈家岭文化层。出土遗物以夹砂灰褐陶为主，泥质灰陶次之，还有少量黑皮陶和橙黄陶。纹饰以素面为主，少量贴塑凸棱纹。器形有鼎、罐、瓮、碗、豆、双

仰韶文化F12

仰韶文化M18

仰韶文化W6

腹豆、斜腹杯、圈足杯等。第5、6层为仰韶文化层。出土遗物以夹砂红褐陶为主，泥质红褐陶次之，有少量红衣陶和彩陶。器表多饰斜绳纹，素面占一定比例，按窝纹较少，还有少量彩绘陶。石器和骨器较少量。器形有折腹鼎、尖底瓶、卷沿瓮、敛口碗、敛口钵、杯及彩绘陶碗、钵及生产工具瓶等。遗迹分布十分密集，打破关系复杂。本次发掘共清理遗迹单位297个，其中房基13

座，窖穴3个，灶1个，窑2个，灰坑232个，灰沟6条，土坑墓29座，瓮棺11座。以下仅介绍新石器文化遗存。

仰韶文化遗存　仰韶文化遗迹有房基、窑、灰坑、墓葬和瓮棺等。现以F12、H185、M18、W6为例：

F12，位于T0808、T0708、T0807、T0707等探方中部。开口于第3层下，被H103、H157和G3打破。F12的结构为平地起建，东部被现代沟打破，现残存房基西部。房基由垫土、墙基、踩踏面、火塘、柱洞等部分组成。垫土平面形状呈圆角方形，南北长8.7、东西复原宽8.9米。面积77.43平方米。垫土分4层，厚0～0.46米。第1层分布在室内表面，第2层分布在垫土的南半部，第3、4层分布整个垫土底部。墙基建在垫土之上，横截面为"U"形，宽0.24～0.4、深0.2～0.24米。基槽南北长5.74、东西残宽4米。室内使用面积19.24平方米。基槽底部发现有柱洞，在北部基槽内还发现小柱洞，推测为墙内夹骨筋柱。踩踏面主要集中在室内，均经火烘烤，东部硬度较高，呈灰白色，其他地方硬度较低，呈暗红色。烘烤面一般厚0.02～0.05米。火塘位于屋内东中部，平面近圆形。南北长5.2、东西残宽4.25、深0～0.83米。火塘内由六层烧土面组成，每层硬面之间由浅红褐色粉面土隔开。在火塘地面的西北部还发现一件碎陶罐，疑为储火罐。由于F12东部破坏严重，未发现门道迹象。F12房基内共发现19个柱洞，平面形状有圆形和方形两种，直径一般约0.2～0.8米，深0.14～0.6米。柱洞底部设柱础石，少数用碎石和红烧土块做柱础。

H185，位于T0805的中南部。开口于第4层下，置于生土上。平面呈长方形。长1.85、宽1.3、深1.4米。坑壁较斜，平底。坑内填灰黑土，土质较软。包含较多的动物骨头。出土遗物以夹砂红褐色细绳纹陶片为主，器形有鼎、罐、瓮、碗、钵、盆等。

M18，位于T0507的东南部。开口于第3层下，打破H65，被H63和M19打破，为长方形浅坑墓。方向298°。南北长1.1、东西宽0.77、深0.26～0.3米。坑内填灰色沙质土，土质松散。坑内摆放人骨架7具，每具人骨架只有头骨和四肢骨，肢骨堆放

仰韶文化瓮棺（W8）

仰韶文化彩陶钵（H98：4）

仰韶文化陶钵（T0202④：21）

仰韶文化陶瓮（W2：1）

仰韶文化陶尖底瓶（H32②：2）

屈家岭文化陶高领罐（W4：1）

屈家岭文化陶斜腹杯（H103②：3）

屈家岭文化陶圈足杯（H103②：10）

屈家岭文化陶缸（H103②：12）

屈家岭文化陶鼎（H103②：21）

屈家岭文化陶瓮（H103②：22）

在一起，头骨皆置于肢骨的西端，面向东上方，该墓为二次迁葬。在第2、3具骨架之间随葬残石斧一件，而在第4与第5具骨架之间放有一块石头。

W6，位于T0305东隔下。开口于第4层下，被H69打破。平面呈圆形，直径0.45、深0.54米。坑壁较直，平底。内填灰褐土。土质松软。陶瓮与钵相扣为葬具。瓮内置婴儿骨骼，头顶朝上。

仰韶文化遗物主要出自灰坑，地层中较少。以人工遗物为主，自然遗物次之。人工遗物以陶片居多，石器和骨器较少。陶器以夹砂红褐陶为主，泥质红褐陶次之，有少量红衣陶和彩陶。夹砂陶主要为泥条盘筑，泥质陶则为轮制，部分器表磨光。器表多饰斜绳纹，素面占一定比例，按窝纹较少，还有少量彩绘陶。陶器有折腹鼎、尖底瓶、卷沿瓮、敛口碗、敛口钵、杯、彩绘碗、钵及生产工具瓶等。

屈家岭文化遗存　屈家岭文化遗迹有房基、窖穴、灰坑、墓葬和瓮棺等。现以H157、W4为例：

H157，位于T0808的北部。开口于第3层下，打破F12。平面呈圆形，直径2.25、深0.6~0.7米。坑壁微斜，略呈袋状，平底。未见加工痕迹。坑内堆积分两层：第1层为褐色土，夹少量红烧土颗粒，厚0.28~0.36米。土质较软。包含有螺蛳、鹿角等。出土较多夹砂灰褐陶。器形有陶高领罐、瓮、杯等。第2层为灰褐色土，厚0.24~0.4米。土质较软。器形有陶瓮、罐、红顶碗等。

W4，位于T0403东南部，开口于第3层下，打破第4层。平面呈圆形，直径0.8、深0.28米。坑内填灰黑土，土质较硬，以陶高领罐为葬具。出土时侧卧于坑内，罐口朝东南，用小石块封口，腹部缺口朝上。罐内清理出少量婴儿骨骼。根据这一现象推测，罐腹部的缺口是有意敲击而成的，婴儿尸体从缺口放入罐内。

屈家岭文化遗物主要来自灰坑，遗物较为丰富。陶器以夹砂灰褐陶为主，泥质灰陶次之，还有少量黑皮陶和橙黄陶。夹砂陶以手制为主，泥质陶则为轮制，还有少量磨光陶。陶器以素面居多，少量贴塑凸棱纹。器形有鼎、罐、瓮、碗、豆、双腹豆、斜腹杯、圈足杯等。

龙山文化遗存　龙山文化遗迹仅见灶和灰坑两种。现以H35为例：

H35，位于T0505西南部与T0506之间。开口于第1层下，打破第3、4层。平面呈圆形，直径1.5~1.72、底径2.08、深1.7米。坑壁较斜，略呈袋状，平底。坑内堆积分两层。第1层为深褐色土，厚0.5米。土质疏松，夹杂烧土粒和草木灰，包含石块与贝壳。出土遗物较丰富，器形有陶罐、钵、盘等。第2层为灰白土，厚1.2米。夹杂大量烧土和草木灰，土质较疏松。包含有小石块、贝壳、兽骨等。出土较多的篮纹陶片。器形有陶鼎、高领罐、瓮、钵、

龙山文化陶高领罐 (H15:1)

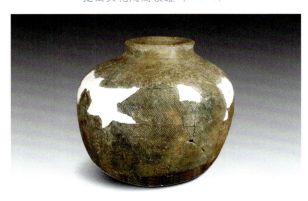

龙山文化陶瓮 (H15:2)

盘、豆、器盖及纺轮。

　　龙山文化出土遗物较少，主要出自灰坑。陶器以泥质灰陶为主，有少量褐陶。制陶工艺以轮制为主。器表多饰篮纹，方格纹较少。器形有陶鼎、高领罐、瓮、圈足盘、豆、器盖等。

　　通过对大寺遗址的发掘和初步整理，我们对该遗址的时代和文化面貌有了进一步的认识，为下一步整理分期打下了良好的基础。从该遗址出土的陶器特征来看，大寺遗址的文化内涵以仰韶文化和屈家岭文化为主，龙山文化时期的遗存较少。

　　仰韶文化的陶折腹鼎、罐形鼎、卷沿瓮与河南淅川下王岗仰韶文化二期的Ⅵ式鼎、Ⅴ式鼎、瓮和Ⅱ式陶罐相似，尖底瓶、敛口钵与下王岗仰韶文化三期的尖底瓶、钵相同，而彩绘钵和彩绘盆也与下王岗仰韶文化的相似。M18、M19的5人和7人二次葬墓与下王岗二期M79、M279的五人合葬墓形式基本相同。综合上述文化因素分析，大寺遗址仰韶文化具有下王岗仰韶文化二、三期的特点，存在进一步分期的可能。由于本次是初步整理，其文化性质有待进一步讨论。

　　屈家岭文化的盆形鼎、高领罐、敛口瓮、碗及器盖与青龙泉遗址屈家岭文化早期Ⅱ式鼎、Ⅰ式高领罐、敛口瓮、Ⅲ式碗、Ⅱ式盆接近，双腹豆、斜腹杯和圈足杯与邓家湾A型Ⅰ式豆、Aa型Ⅰ式杯、Ca型Ⅱ式杯相似。其年代属于屈家岭文化早期。

　　龙山文化时期的高领罐与淅川下王岗Ⅰ式瓮、大寺遗址Ⅰ式罐相似，瓮与大寺遗址龙山文化瓮相同。年代应与中原龙山文化早期相当。

　　大寺遗址地处鄂西北地区，北与陕西商南和河南淅川接壤，是南北文化的交汇地带。从新石器文化陶器特点与遗迹特征分析，它的文化面貌具有中原文化因素又具有地方文化特色，对研究汉水中上游新石器文化及其与中原的关系提供了重要的资料，具有重要的考古学价值。

撰稿：黄文新

郧县青龙泉遗址

◉ 湖北省文物考古研究所

　　青龙泉遗址位于郧县杨溪铺镇财神庙村五组，西距郧县县城约10公里，遗址南临丹江口水库，现为丹江口水库河漫滩，亦属玉钱山南坡二级阶地，北距207国道300米。

　　青龙泉遗址由梅子园和王家堡两处地点构成，梅子园在西，王家堡位东，两遗址中间被一南北向洼地相隔，洼地北窄南宽，形似撮箕。梅子园遗址为一圆形台地，略高于王家堡遗址，面积约3万平方米，文化层厚约1.5～2米。王家堡遗址的地形是典型的河漫滩，地表较平，北部略高于南部，面积约3.5万平方米，文化堆积厚约1～7.5米。

　　1958年11月～1962年5月，为配合丹江水利枢纽工程建设，中国科学院考古研究所重点对王家堡遗址进行了发掘，发掘面积1144平方米，并出版了考古发掘报告《青龙泉与大寺》。青龙泉遗址发掘以后，引起了学术界的广泛关注。特别是遗址内仰韶、屈家岭、石家河文化三叠层，使人们对丹江库区新石器时代文化发展序列以及江汉地区与中原、关中史前文化的相互关系有了基本认识。

　　为配合南水北调中线工程建设，湖北省文物考古研究所于2006年3月至2007年1月对郧县青龙泉之梅子园遗址进行了发掘。在揭露2500平方米的范围内清理出新石器时代房址89座，

青龙泉遗址地形环境（西南－东北）

梅子园遗址发掘探方（南—北）（摄影：余乐）

祭祀坑2个，灰坑532个，灰沟20条，长方形竖穴土坑墓117座，瓮棺墓52座；东周时期的陶窑2座，灰坑15个，长方形竖穴土坑墓50座；宋代灰坑1个，墓葬14座。出土了一批完整陶器、石器、骨器、动物和植物遗骸及20余吨陶片。

2006年，我们首先以遗址为中心对周围10公里范围内的环境进行了全面调查，对遗址及周边地带进行了钻探，在充分了解遗址的人文环境、地理环境、分布范围、文化层堆积厚度和内部保存状况等系统资料的基础上，用全站仪测出地形图进行整体布方发掘。

国家文物局专家组检查工地

湖北省文物局专家组检查工地

对灰坑填土进行筛选

取植硅石土样

TS4W3西壁

石家河文化F1（南—北）

屈家岭文化F2（东—西）

　　在发掘的具体操作过程中，尽可能完整地把握地层的界面和不同时期的活动面，每清理完一层后，即确定被其叠压的堆积单位与开口在其下的遗迹单位，划定其平面与剖面封闭线，辨清叠压与打破关系后再进行清理。在发掘过程中，我们与中国社会科学院考古研究所合作对全部灰坑内的堆积进行了筛选和浮选，以期对筛选和浮选获取的动物和植物遗存进行研究分析；同时与中国地质大学国家重点实验室合作，在探方剖面采集孢粉、植硅石、磁化率、分子化石、同位素等研究分析的土样，尽可能做到更多地、完整地获取各种资料信息。

　　发掘表明，梅子园遗址以西南部ＴＳ４Ｗ３的地层堆积具有代表性，最能反映遗址的整体文化堆积概貌。此方可分为12层。

　　第1层，丹江口水库建成后经年形成的淤积层，浅灰色粉沙土，厚约0.5～1米。

　　第2层，近代堆积层，水库形成前的地表土或耕土层，深灰色粉沙土，含碎小石子。厚

屈家岭文化F19（西－东）

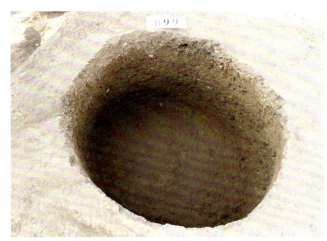

石家河文化H99（西－东）

仰韶文化H464（东－西）

约0.1～0.3米。

第3层，褐黑色黏土，厚约0.2～1.6米。土质松软。仅分布在局部地区，面积小，呈坑状堆积。为宋代堆积层。

第4～6层，褐灰色黏土，厚约0.5米。土质显硬，分布于遗址南部。为东周文化堆积层。

第7～9层，灰褐色细沙土，厚约0.6米。土质疏松。为石家河文化堆积层。

第10～12层，灰黑色细沙土，厚0.7米。土质疏松。为屈家岭文化层。

梅子园遗址所揭露出的遗迹以新石器时代的房屋最具代表性，不仅数量多，而且种类全。房子有长方形和圆形两类。长方形房屋多为屈家岭、石家河文化时期，圆形房屋为屈家岭文化早期。房屋均为地面式建筑，有规律成排成组地分布在不同时期的活动面上。不论是长方形还是圆形房屋，在建造时都是先挖基槽，在基槽内立圆木柱，然后用红烧土和灰褐土填基槽。有的房屋至今残存墙壁高出地面约0.5米，墙壁建在基槽之上，为木竹骨泥土墙，经火烧烤，多数房屋还保留有坑和灶台。室内外地面都用垫土铺平。下面介绍具有代表性的房屋。

F1，石家河文化房址。位于TS2W5中部偏北，开口于第3层下，被M64、M60、H112打破。房子由墙壁、门道、灶台、圆形土台构成。平面呈长方形，东西长5.13、南北宽4.2米，面积约21.5平方米。室内中部有曲尺形隔墙，其中南北向

石家河文化M40、M49
（南－北，左－右）

石家河文化M110（东－西）

隔墙稍长，将室内分为东西两大部分。西室中部有一高出地面的圆形土台，其东南边紧靠隔墙处有一方形灶台。墙壁仅存一小段北墙和室内隔墙的墙根部分，残高约0.04～0.08、残宽约0.18米，其上残留较平整的红烧土墙皮，此墙皮延伸至地面，厚约0.02米。隔墙中靠近灶台的一段墙皮较厚，约0.05米，应是经过长期烧烤所致。墙体的其余部分为夹杂着灰烬和红烧土块的灰色黏土。根据柱洞的分布情况和遗迹的打破现象等方面推测，房址的门应设在东壁中间。从室内外填土的不同色质观察，F1似经多次修建。在房屋的西北角、东面和南边都清理出室外活动面，活动面为黑色硬面，光滑平整，其下垫厚约0.06米的黄褐色土，土中夹少量红烧土块，亦经过烧烤。东边的一片，垫较厚的红烧土块，其上为坚硬的踩踏面。室外活动面整体上由北向南倾斜，稍高于室内地面。

F2，屈家岭文化房址。分布在TS2W5东部与TS2W6西部，开口于第4层下，被W6和H116打破，叠压在第5层之上。F2平面呈长方形，东西长6.2、南北宽5.8米，面积36平方米。F2属于地面式建筑。建筑方法是先用土垫平室内外地面，然后挖基槽，再在基槽内埋圆木柱。柱洞直径在0.05～0.2米之间，残存深度0.1～0.35米不等，基槽内用红烧土填充。F2的残存墙壁较高，尤以西墙北段、北墙中段保存较好，残存高度约0.4米。墙壁是用圆木棒和竹子做骨架，然后抹上草拌泥后用火烧烤形成。房子的南墙和西墙出现两道基槽，应为倒塌后的改建。F2室内西北部有灶台，室内还保留了当时使用的陶缸、罐、杯、纺轮及骨针等遗物。门道设在东墙中部，两旁墙壁分别错开。墙壁在门道附近内外错开似专为门道设置的，可起到阻隔风雨直接登堂入室的作用。

F19，屈家岭文化房址。位于TS3W5南部，开口于第12层下，坐落在生土之上。房子只残存基槽部分，但可看出房子的基本形状。房子整体形状呈圆形，室内的正中心有一较粗的柱洞，应是房子的中心立柱，由此可以推测出房子的顶部形状。圆形基槽内径2、外径2.9～3.2米，基槽宽约0.4～0.7米，可确定房子的内径大于2米。在基槽内清理了18个柱洞，柱洞大小不一，房子东部两个柱洞之间间距较大，这里应是进出的门道。房子的建造方法是先挖基槽，在基槽内立木柱，然后用红烧土填实基槽，再用泥土筑木骨泥墙，接着用火烧烤墙壁，最后用木棍和茅草盖好屋顶。

梅子园遗址清理的新石器时代的灰坑有圆筒、袋状和锅底形三类，直径约1～2、深1米，较规整。坑内填土包含遗物较多，有别于江汉平原同时期的灰坑。

H99，石家河文化灰坑。位于TS1W5中部，开口于第4a层下，打破第4b层。坑呈圆筒状，周壁直下，平底。口、底直径1.4米，深0.7米。坑内填灰褐色粉砂土，土质疏松，无包含物。此类灰坑可能是专门用来存放物品的。

H119，屈家岭文化灰坑。位于TS1W4西北部，开口于第5b层下，打破第6层。坑口近椭圆形，敞口，微弧锅底。口南北长径3、东西短径1.92米，深0～0.32米。坑内填红烧土块和草木灰烬，包含有泥质灰陶罐残片。此类形状的坑可能是烧窑取土后的废弃坑。

H464，仰韶文化灰坑。位于TS4W1东北角，开口于第8层下，打破生土。口小底大，袋状。坑周壁直下0.4米后再向外呈八字形弧斜深0.5米，平底，很规整。坑内填浅褐色粉砂土，包含草木灰，夹红烧土颗粒，土质疏松。包含物以夹砂灰陶陶片为主，并有少量泥质灰陶、红陶及动物骨骼、石块。此类形状的坑可能是用来窖藏红薯类等块茎植物。

梅子园遗址出土的新石器时代墓葬，多为长方形土坑竖穴墓，有同坑并穴和异坑并穴，还有瓮棺葬。其中石家河文化的墓葬均为仰身直肢，盆

石家河文化M146（南－北）

骨下有腰坑，腰坑内置陶高领罐，其口上放陶钵。有的墓葬内还随葬有猪下颌骨。瓮棺葬内有纤细的人骨，可能埋葬的是未成年的小孩。

石家河文化M148（南—北）

　　M40，石家河文化墓葬。位于TS1W4南部，开口于第2层下，打破第5b层。长方形竖穴土坑，坑壁直下。坑东西长2.25、南北宽0.58~0.6米，深0.4米。墓向4°。骨架仰身直肢，头向北，盆骨东部、肢骨西部、坑底东南角摆放有猪下颌骨2~3块。坑底中部有椭圆形腰坑，腰坑南北长径0.56、东西短径0.46米，深0.34米。坑内置一陶高领罐，罐口置一红陶钵，钵底有一小圆孔，陶钵正处于盆骨下。

　　M110，石家河文化墓葬。位于TS2W3东北角，开口于第2层下，被G2、H212、M108打破，打破第6层。长方形竖穴土坑，坑内又挖南北并列的墓穴。坑东西残长2~2.2、南北宽约1.26米，深0.3米。穴与坑等长，穴宽约0.46~0.5米，深0.16米。两穴之间有一道宽、高各约0.16米的土埂相隔。两穴内各有一具人骨架，骨架面向相对，头向西，其南穴内的骨架无下肢骨。两具骨架盆骨下均有一圆形腰坑，坑直径约0.46米，坑内各置一陶高领罐。

　　M146，石家河文化墓葬。位于TS5W1西南部，开口于第4层下，打破第6层。长方形

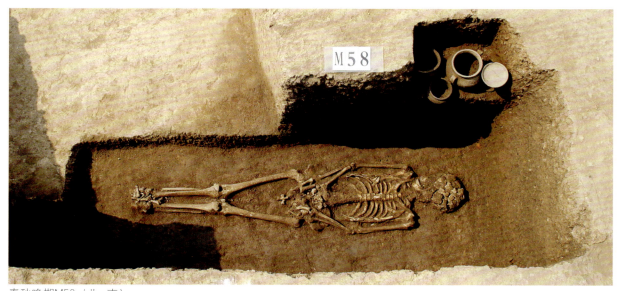

春秋晚期M58（北—南）

屈家岭文化早期W11（西—东）

竖穴土坑，坑壁直下，南北长2.36、东西宽1.6米，残深0.3米。墓向20°。坑底两人骨架并列存放，头向北，两头部之间堆放有17块猪下颌骨。

M148，石家河文化墓葬。位于TS4W1东部，开口于第4层下，打破第6层。长方形竖穴土坑，坑壁直下，南北长2.32、东西宽1.08米，深0.2米。墓向15°。坑底东部有一具人骨，西部有规律堆放82块猪下颌骨和一个羊角，猪下颌骨堆放长度与人骨架相等。

W11，屈家岭文化早期。位于TS1W5东北部，开口于第6层下，打破第8层。圆形土坑，周壁较直，直径0.54米，深0.23～0.28米。坑内置一圆形陶瓮，瓮内有纤细人骨，应为小孩遗骸。瓮棺周围土坑内填褐红色砂土。

发掘清理东周墓50座，均为长方形竖穴土坑。春秋墓多数有壁龛，随葬品以陶鬲、盂、罐、豆日用生活陶器为主，多放置在壁龛内。战国墓的随葬品均放置在头厢和边厢，随葬品以鼎、敦、壶、豆组合为主。东周墓的随葬品既具有楚墓的特点，又有中原同时期墓葬随葬品的风格。清理宋墓14座，宋墓均为砖室墓，有墓道，被盗一空，但从砖的形制和出土铜钱可以确定其为宋代。下面只介绍东周墓中具有代表性的M58和M64。

M58，春秋晚期墓葬。位于TS5W5东部，开口于第3层下，打破第4层。长方形竖穴土坑，坑壁直下，坑东西长1.8、南北宽0.72米，深0.92米。坑内填灰褐色黏土夹红烧土颗粒。有壁龛，壁龛位于南壁近坑口处，龛内置随葬品陶鬲、盂、罐、豆各1件。坑底一具人骨架为仰身直肢。

M64，战国中期墓葬。位于TS2W5东偏南部，开口于第2层下，打破F1。长方形竖穴土坑，坑壁直下，东西长2.45、南北宽0.9米，深0.48米。坑内填灰褐色砂土夹红烧土

新石器红陶杯（H556：3）

新石器红陶杯（H598：2）

新石器红陶杯（TN2E1⑤：1）

颗粒。坑底残存椁室痕迹，棺椁已朽。底部有两具人骨并排，且南边的高于北边的，均双手捧腹，随葬品放置在北边骨架头部，应为夫妻同坑合葬墓。随葬品有陶鬲、敦、壶、豆各2件。

梅子园遗址文化堆积内出土的遗物绝大多数为新石器时代遗物，以陶器为主，也有少量石器、骨器。陶器的器类有仰韶文化的大口罐、小口高领罐、筒形罐、鼓形罐和盆，屈家岭文化的鼎、钵、罐、盆、杯、豆，石家河文化的高领罐、喇叭形杯、器座、小口高领罐、腰鼓形罐、器盖和钵等。陶器烧成火候高，陶质坚硬，保存较好。

通过2006年对青龙泉遗址及周围环境的调查，以及对梅子园聚落的发掘，使我们对青龙泉遗址的整体结构有了以下几点认识：

（1）青龙泉遗址由王家堡和梅子园两个聚落组成。从调查、试掘了解的情况分析，仰韶文化早、中期人们便在王家堡生产生活，王家堡是一个独立的单体聚落。到了屈家岭文化早期，随着人口的增多，生产力的发展，在王家堡生活的人们开始向梅子园台地迁移，形成梅子园聚落。从王家堡和梅子园揭露的文化堆积表明，王家堡聚落的文化堆积层厚达7.5米，主要由最下面仰韶文化堆积、中间的屈家岭文化堆积和最上层的石家河文化堆积构成。而梅子园最下层的仰韶文化堆积很薄，主体是屈家岭文化和石家河文化时期的堆积。

新石器红陶杯（H664∶1）

新石器陶罐（TN1E1③∶1）

新石器陶鬶（H546∶1）

（2）已揭露的梅子园的文化堆积表明，屈家岭文化和石家河文化的人们在此生活的时间很长。石家河文化以后，迟到东周时期才有人来此生活。在梅子园台地的南坡发现有东西长约100、南北宽约40、堆积厚约0.5米的东周文化层，在紧邻东周文化层的北部台地上清理了50余座东周墓葬。东周以后的汉唐又无人类在此生活，到了宋代才有少数人在此活动。在遗址西南部的TS4W4和TS5W5内发现有宋代堆积，堆积厚0.2～1.6米，分布范围近50平方米。在宋代堆积东南部清理了14座宋代墓葬。

（3）在梅子园2500平方米的范围内清理出屈家岭和石家河文化的房屋建筑基址89座，89座房子有规律地分布在不同的活动面上，成组成排，房子之间有的相距远，有的相距近。这些房子极有可能存在除了家庭之外的家族和部族关系。从房子的废弃堆积来看，房子修建、

东周陶鬲(M168:1)

东周陶鬲(M183:1)

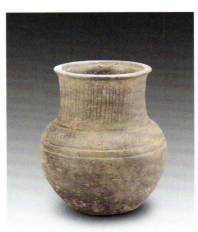

左：东周陶罐(M183:2)
中：东周陶罐(M168:3)
右：东周陶盂(M168:2)

改建频繁，而且在建新房时利用了旧房的废弃堆积作为新房的室内外填土。

（4）对今后工作设想与安排。青龙泉遗址文化堆积厚，遗迹丰富，出土遗物多，发掘任务大，加之南水北调中线工程工期短，而文物保护经费时至今日未能落实到位，这就给工程中的文物保护造成了一定困难。按照湖北省文物局南水北调办公室的工作安排，青龙泉遗址规划发掘面积1.5万平方米。其中由湖北省文物考古研究所在梅子园发掘0.8万平方米，由中国社会科学院考古研究所在王家堡遗址发掘0.7万平方米。我们对梅子园遗址的工作安排是：1）2006年对遗址周边地理环境、人文环境进行全面调查勘探，并在中心部位发掘2500平方米。2）2007年继续在中心部位揭露3000平方米，通过对遗址核心部位的大面积揭露，使之对梅子园聚落的中心区域有一个清晰认识。3）2008年对遗址的四周及边界采用探方单向直通的解剖方法（局部地方采用探沟解剖），解决遗址分布的四至范围及梅子园聚落与王家堡聚落的关系，弄清楚遗址不同的功能区，对遗址的内部结构有一个清楚的认识与了解。

在青龙泉遗址的发掘过程中，国家文物局、湖北省文物局组织的专家组多次到工地现场检查指导工作，提出了许多有益的意见和建议，对田野发掘工作起到了指导作用。青龙泉遗址今后的考古工作将随着南水北调工程的进展，根据库区季节性涨水对遗址的淹没情况，按照国家和省里的要求，遵循科学规律，为获取更多信息资料而有序地开展。

撰稿：朱俊英　周世本　张　浩

摄影：李志璋　余　乐

郧县黑家院遗址

◉ 湖北省文物考古研究所

遗址TN2E5工作照（南—北）

黑家院遗址位于郧县东部，隶属于安阳镇小河村二组。地理坐标为东经111°04′324″，北纬32°49′637″，海拔159米。遗址所处地貌为汉江上游河谷区域。在汉江北岸，发育有南北向的龙门河，沿龙门河分布有平坦、宽阔的龙门川（龙门河阶地）。龙门川南北长约7.5、东西宽约3.5公里，是汉江北岸群山环绕、地形相对封闭的长条形盆地。黑家院遗址是龙门川目前所知的唯一一处古文化遗址。

2006年12月10日～2007年2月6日，湖北省文物考古研究所对黑家院遗址进行了勘探、发掘。勘探面积达2800平方米，发掘面积700平方米。发掘揭示，该遗址主要保存有石家河文化及汉、明清文化遗存等，文化层堆积厚度为0.58～2.06米。发掘揭露了包括古地面、房址、灰坑、灰沟、水池等重要遗迹，以及丰富的石家河文化、汉、明清遗物等。遗址发掘中，采用对同一时期遗迹整体揭露、同层遗迹同步发掘的方法。对出现的各种遗迹现象，均进行认真严格的现场记录。

遗址地表面为耕地，东部稍高，南部稍低（濒河）。地表经过土地平整。地层堆积主要有4层。

第1层，黄色耕土层，土质较为松软，厚0.25～0.3米。

黑家院遗址第一批探方分布图（西—东）

明代F1（西—东）

石家河文化F5（西—东）

第2层，黄褐色扰土层，土质略硬，厚0.04~0.8米，深0.29~1.1米。主要成分为黏土，土壤颗粒较细，包含有红烧土块、青灰砖块、青灰瓦片等。

地面1，记作DM1。表面较为平整、坚硬，分布有零星遗物，有房址、水池、牲畜活动场等遗迹。根据地面遗物和相关遗迹时代性质，地面1属于明清时期。

第3层，灰褐色黏土层，土质硬度一般，土壤颗粒细小。厚0.2~0.78米，深0.49~1.88米。包含有丰富的红烧土块、陶片及各种石制、陶制工具等。陶片主要为夹砂红褐陶、泥质红褐陶、泥质灰陶等，陶片以素面较多。

石家河文化石钺(TN3E5③:5)

石家河文化遗物

(左:石佩TN3E5③:35　右:陶铃TN4E2③:6)

地面2，记作DM2。表面较为平整、坚硬，分布有零星遗物，有房址，开口有灰坑、灰沟等遗迹。根据地面遗物和相关遗迹时代性质，地面2属于石家河文化时期。

第4层，褐色黏土层，土质硬度一般，土壤颗粒细小，夹杂有较多红烧土碎块。厚0.09～0.18米，深0.58～2.06米。

生土层，浅红色砂质黏土。

(1)石家河文化时期重要遗迹、遗物

石家河文化时期遗存，是黑家院遗址的主要文化遗存。发现有该时期的10座房址、5处灰坑，以及大量属于该时期的文化遗物。还发现有该时期人类活动的遗址活动面(地面2)。其中房址包括圆形和长方形两种，均为地面立柱式建筑。长方形房址面积较大，圆形房址面积较小。各种房址均是在地面上堆垫红烧土，加工出屋面，然后在其上规划柱洞立柱建房。灰坑平面主要为椭圆形，底部锅底状。灰坑内均填有褐色黏土、红烧土碎块、陶片和石制品等。

F9，分布于TN5E2、TN4E2等探方，平面近圆形，最大直径3.9米。表面经过红烧土碎块的堆垫和加工，周围分布有半圆形排列的柱洞。为地面立柱式房屋建筑。

石家河时期的遗物包括有陶片、石制品和动物骨骼三种。其中陶片以夹砂陶为主，泥质陶次之。陶色往往不纯，以红、褐、灰、橙黄陶较为多见。器形包括陶铃、纺轮、鼎、杯、罐、壶、碗、器盖等。石器以石斧较为多见，也包括有石钺、石网坠、石凿、砺石、石佩饰等。动物骨骼包括蚌、螺、黄腹鼬、家鹅、家猪、家牛等。

(2)汉代重要遗迹、遗物

汉代文化遗存，只发现了零星的文化遗迹，揭露了2个属于该时期的残灰坑。灰坑内包含有褐色黏土、红烧土和灰陶片等。

(3)明清重要遗迹、遗物

石家河文化陶杯

1.H7:13 2.TN5E5③:16 3.H8:9 4.TN2E3③:2 5.H10:5

石家河文化黄腹鼬骨骼(TN3E4③:9)

1.右肱骨 2.左肩胛骨 3.左下颌骨

石家河文化陶鼎足

1.TN6E2④:8 2.H6:3 3.H7:7 4.TN3E5④:9
5.TN5E6④:11 6.H9:15 7.TN3E6③:13

石家河文化石斧

1.TN2E3③:3 2.TN6E3④:2 3.H11:13 4.H6:12 5.H7:12
6.H6:6 7.TN3E5③:11 8.H9:6 9.TN1E4③:3 10.H3:6

明清时期的文化遗存包括有1座房址、13个灰坑、1个水池，以及属于该时期的居民活动面(地面1)。房址为长方形分间式地面建筑，地面经过黄黏土平整加工。有挖掘的墙基，墙基内还填有砾石基础。该时期的灰坑有椭圆形和长方形两种，以椭圆形为主，遗物包括残瓷器、铁器等。

黑家院遗址发掘的重要意义，在于对该地区石家河文化时期遗存的发现。长江中游石家河文化遗址虽已发现不少，但相对于该时期需要的科研资料仍显不足，如关于该时期的文化交流和房屋建筑形式等。石家河时期的房屋建筑，仅在当阳季家湖、江陵张家山遗址中发现有残存的半地穴式房址，在安乡划城岗、临澧太山庙遗址发现有残存的地面立柱式房址。此次黑家院遗址中发现较多该时期的房屋建筑，对认识当时的社会情况提供了重要的研究资料。

撰稿：武仙竹

郧县辽瓦店子遗址

◉ 武汉大学考古与博物馆学系

　　辽瓦店子遗址位于郧县柳陂镇辽瓦村汉水南岸的二级台地上，海拔153～156米，总面积约12万平方米。武汉大学考古与博物馆学系于2005年3月开始对其进行抢救性发掘。两个年度的工作中，共揭露遗址面积4550平方米，清理新石器时代以来各时期的灰坑近400座，墓葬50多座，以及环壕、房址、陶窑等遗迹。这些发现，确证这里是一处重要的古代遗址，其中特别是夏代至东周时期的遗存，数量丰富，保存状况较好，为了解这一时期鄂西地区文化的面貌及其同周边地区文化交流

国家文物局专家组检查工作

遗址全景（西—东）

发掘现场

关系，提供了珍贵的材料。

新石器时代的遗迹数量不多，目前仅发现2座墓葬和数座灰坑。出土器物数量很少，以石器为主，多为卵石制成，分打制和磨制两类，有石锛、石斧等。陶器以泥制红陶为主，器形包括釜、鼎、镂孔圈足盘等。

夏代遗迹数量丰富，房址、墓葬、灰坑都有发现。房址有地穴和半地穴两种形式，多为圆形，面积大都在10平方米以下。其中F11是一座小型双体连间地面建筑，发现有基槽和柱洞等结构。清理墓葬20余座，与房址交错分布，没有明显的界限。墓葬多为小型竖穴土坑墓，墓坑较浅，无葬具。葬式有仰身直肢、屈肢和侧身屈肢等，没有统一朝向，随葬品少而残损。另有十余座瓮棺葬，瓮棺为夹砂灰白陶，表面施篮纹，折沿上仰，内有残余碎骨。夏代灰坑发现百余座，出土了大量陶片，以夹砂红陶为主，也有少量灰陶和黑皮陶，器物与二里头文化的非常相似。胎体较厚，器表多施以粗绳纹和篮纹，器形有釜、罐、盆、圈足盘、罐(釜)形鼎等，另有一定数量的盉、双耳杯、单耳杯等。

商代文化遗存目前仅有5座墓葬和数十座灰坑。墓葬形制与夏代差别不大，都是小型竖穴土

Ⅱ区探方发掘现场

清理出的T0713灰坑与墓葬

夏代圆形房址F13居住面

坑墓，随葬品很少。器物多出自灰坑，特点与二里岗上层和盘龙城遗址的相近。这时期夹砂和夹云母灰陶器数量增加，主要纹饰有绳纹、交错绳纹、弦纹、附加堆纹，也有不少器物为素面。主要器类有陶鬲、罐、豆、簋、圈足盘、大口尊等。

在几座商代灰坑中，清理出多枚卜甲和卜骨残片。采用龟的腹甲和牛的胛骨制成，上有排列整齐的清晰的圆形凿孔和火灼的痕迹。

西周时期有一定数量的房址、墓葬和灰坑。陶器多为泥质，器形有鬲、盂、罐等，形制融合了中原周文化和南方楚文化的风格。此外，这一时期也出土有卜甲和卜骨，形制与商代有明显差别，为双联钻。

东周主要器类转化为陶鬲、盂、豆、罐、鼎组合，带有明显的楚文化色彩。

辽瓦旧称窑瓦，由于地势平坦，取土取水便利，长期以来都是一处集中的陶器生产地，

夏M33

夏M42

明代房屋基址

这也是本地出土陶器数量种类丰富的一个重要原因。连续两年的工作中，有多座陶窑的发现和发掘，时代从夏代晚期延续到明清时期，为研究我国南方地区陶窑的形制变化提供了重要材料。

2005、2006年的两次发掘中，我们有一些重要发现，其主要学术价值体现在以下几方面：

1．汉江上游区域包括近鄂西北、陕东南、豫西南这一地区，历史上是中国南北、东西文化交汇、融合的重要通道，但过去的工作有限，文化面貌不清晰。辽瓦店子遗址经全面勘探和系统发掘，遗址的分布范围、重点布局和文化内涵已大致清晰。它包含从新石器时代到明清各个时代的堆积，其中尤以新石器时代、夏、商、两周时期的遗存最为丰富，且有很多遗迹现象和器形都是首次发现，填补了这一区域文化发展的空白，为汉江上游文化发展序列提供了标尺。类似的遗址在鄂西北地区尚属首次发现，在湖北也极其少见。

2．从总体文化面貌上看，辽瓦店子遗址的遗存自身特点突出，夏代部分受陕东南同时期文化的影响，同中原二里头文化也有一定的联系。商代中期和中原典型的商文化如出一辙。商晚、周初的文化面貌又呈现出浓厚的自身特点。西周中期典型的周文化

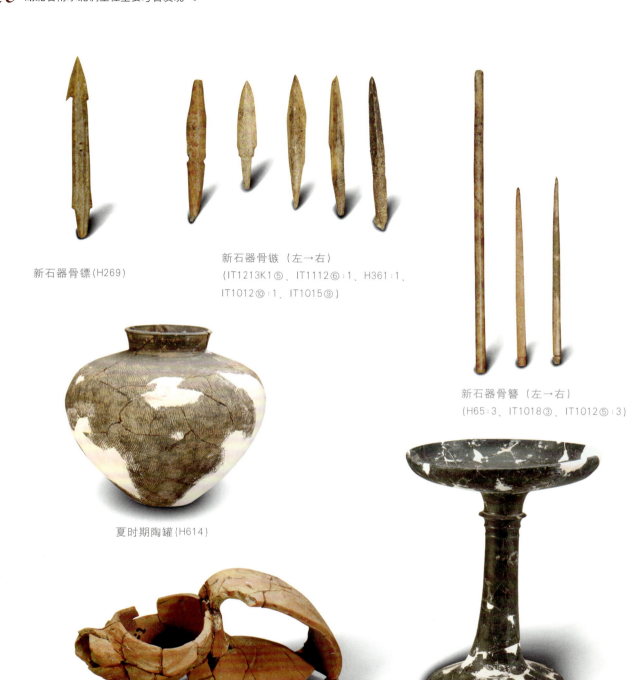

新石器骨镖(H269)

新石器骨镞（左→右）
(IT1213K1⑤、IT1112⑥:1、H361:1、
IT1012⑩:1、IT1015⑨)

新石器骨簪（左→右）
(H65:3、IT1018③、IT1012⑤:3)

夏时期陶罐(H614)

二里头时期陶盉(H186:2)　　　　二里头时期陶豆(G13)

侵入此地发展迅速，西周中期以后到东周则属楚文化的范畴。它正是南北文化圈交流、角力的晴雨表。更大的范围来看，过去我们每每提及长江文明、黄河文明，并视为中国文化发展的主流，但对沟通这两大文明的汉江流域的文化则不甚了了。辽瓦店子遗址的考古发掘与重要发现为建立起对汉江文化、汉江文明的研究提供了重要的依据。

　　3.楚文化的起源和发展一直是一个重要的悬而未决的学术课题。辽瓦店子遗址地处楚文

二里头时期双耳陶罐(M3) 二里头时期单耳陶罐(H251:2) 二里头时期陶罐(M43)

二里头时期陶釜(H383:2) 二里头时期陶釜(H383:1) 二里头时期陶盘(H383:3)

二里头时期陶罐(H791) 二里头时期陶罐(H791) 二里头时期陶鼎(H791)

二里头时期陶盆(H5:2) 二里头时期陶鼎(IT0907) 二里头时期陶鼎(H346:1)

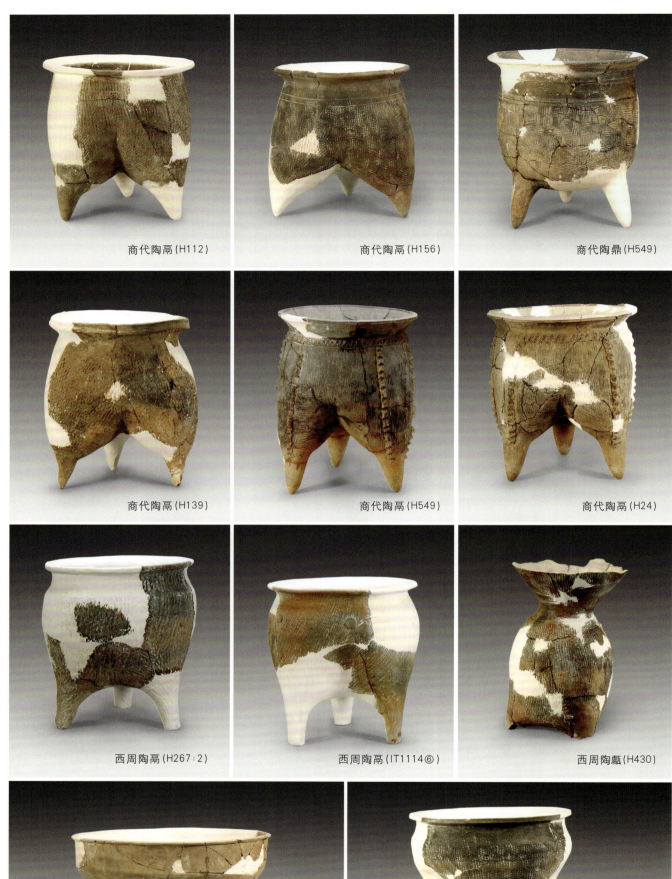

商代陶鬲（H112）　　　　　商代陶鬲（H156）　　　　　商代陶鼎（H549）

商代陶鬲（H139）　　　　　商代陶鬲（H549）　　　　　商代陶鬲（H24）

西周陶鬲（H267：2）　　　　西周陶鬲（IT1114⑥）　　　　西周陶甗（H430）

西周陶盆（H108）

西周陶鬲（H267：1）

东周陶鼎（H288：1）

东周陶鬲（H304：5）

东周陶鬲（H13）

东周陶鬲（H430）

东周陶鬲（IT1414⑥）

东周陶鬲（H409）

东周陶鬲（H19：3）

东周陶鬲（H219：4）

化起源的核心地带，遗址本身包含了两周时期丰富的内涵，彼此之间演变关系明显，而东周时期的遗存属典型的楚文化。这类遗址在所有的楚文化遗址中十分罕见。遗址中清晰的两周时期文化的演变关系，将为探讨楚文化的起源和发展提供重要的线索。

撰稿：王　然

器物摄影：余　乐

郧县杨家岗遗址

◉ 厦门大学历史系考古教研室

　　杨家岗遗址位于郧县菜园村二组，地处汉江上游的支流棒槌河的一级台地上，西边为郧县县城，东边为菜园村所在地。地理坐标为东经110°49′55″，北纬32°49′35″，海拔为159.5米，现存面积8000平方米左右，曾调查为东周时期遗址，出土过东周时期的绳纹瓦片等。

　　2006年11月，厦门大学历史系考古教研室进驻工地，首次对该遗址进行正式的勘探和发掘。经过数十天的钻探和地面勘查，确定以海拔148米的台地为发掘区。为工作方便，将其分为三个区域。原定的杨家岗山梁以一条宽7米左右的机耕路为界，东边为Ⅰ区，西边为Ⅱ区，杨家岗梁子的西北面为Ⅲ区。Ⅰ区经过详细的钻探，耕土层下直接为生土，因此并未布方发掘。Ⅱ区布2米×10米探沟3条，2米×20米探沟1条，并未发现文化层。Ⅲ区为此次发掘重点，以西南为基点，共布10米×10米探方12个，文化层较厚，出土器物丰富。

　　根据各方的发掘情况，将遗址的地层堆积大致分为6层：

　　第1层，耕土层，厚0.15～0.23米。土色灰褐，土质疏松，含大量的植物根系。

　　第2层，淤泥层，厚0.5～0.92米。按土色的变化分五小层，自上而下为青灰色、黄色、

遗址全景(西-东)

新石器陶鼎足(T4⑥:7)

青灰色、黄褐色、青灰色土。

第3层，黄褐色层，厚0.2～0.4米。土质疏松，含较多的砂砾和石灰颗粒。为近现代房屋墙体的倒塌堆积。出土近现代的钱币、瓷片，夹杂少量的绳纹陶片。

其下为一组近现代建筑的基槽，横跨此次发掘的全部探方，方形，布局左右对称，构成三排大小相同的建筑群，每建筑群以庭院相隔。基槽内置石块，局部残存墙基，高约0.3、宽0.45米。基槽宽0.5～0.93米不等。据基槽内出土民国和现代钱币来看，年代应为近现代。

第4层，土色与第3层基本接近，为黄褐色层，厚0.12～0.32米。土质比第3层硬，含大量的瓦片和小石块，应为第3层下近现代建筑的铺垫，出土大量的青花瓷碗和灰瓦，年代为近现代。

其下局部探方分布有石头构造的基槽，但难以看出有规律的排列，宽度、深度与3层下近现代房屋相同。

第5层，灰褐色层，厚0.1～0.7米。土质黏，含炭粒。出土大量的青花瓷碗和灰陶盆残片，部分碗底款有"大明年造"、"大明成化年造"等字样，但也伴出"顺治通宝"、"乾隆通宝"等清代钱币，可知年代为明－清代早期。

第6层，红褐色层，厚0.8～0.36米。土质黏稠，含少量灰烬。出土物以绳纹陶片为主，还有少量的磨光黑陶。器形有陶鬲、罐、盂、豆。此外，还出土蚌壳制作的镰刀和少量方格纹陶片、扁形鼎足等新石器时期遗物。年代为东周时期。

由于探方临近汉江，其地下水位较高，探方在距地表约2.2米深度均出水，发掘被迫停

商周陶罐口沿(T4⑥:5)

商周陶罐口沿 (T6⑥:5)

东周陶鬲足(T5⑥:3)　　　　东周陶鬲足(T2⑥:3)　　　　东周陶盂口沿(上:T10⑥:12、下:T10⑥:13)

东周陶鬲口沿(T10⑥:8)　　　东周陶罐口沿(T2⑥:4)　　　东周陶罐口沿(T2⑥:5)

东周陶盂(T5⑥:1)　　　　东周陶豆底座(T4⑥:2)　　　东周陶罐口沿(T3⑥:1)

东周陶豆(T6⑥:2)　　　　　东周蚌镰(T2⑥:1)

宋元陶盆(T6④:1)

宋元三彩盆(T6⑤:1)

止。但据钻探，第6层下并无更早的地层，其下为淤泥和河卵石。

遗物主要以陶器为主，还有少量的蚌、铜、骨类。年代为新石器、东周。

新石器时期，未发现此时期的原生文化层，仅在东周地层中发现数片陶器。有扁形鼎足1件，灰褐色，足边缘为锯齿状；罐腹片2件，黑色，方格纹。

东周时期遗物以陶片为主，还有几件蚌类制品。

陶器器形有鬲、豆、罐、盂。

鬲口沿可分灰陶和红褐陶两类。前者多卷沿方唇，饰粗绳纹；后者方唇折沿，粗颈。鬲足柱状，多红褐色，夹细砂，削足，足窝浅。

豆以豆柄、豆底居多。以磨光黑陶为主，少量为灰陶。细长柄，浅盘口。在盘口和底座多饰暗纹，并施"十"、"｜"等刻划符号。

罐多为口沿，有直颈方唇绳纹罐和折沿粗颈磨光黑陶罐两类，后者施有暗纹。

盂多褐陶。方唇折沿束颈，折肩，斜弧腹，凹圜底。肩以上磨光，肩下施绳纹。

蚌镰发现2件，刃部为锯齿状，穿孔。

宋元时期未发现原生地层，器物散落在明清地层中，有陶器和瓷器。

宋元陶器以罐、盆为主。罐，泥质、夹砂黑色，方唇短颈，鼓腹，施四耳。盆，泥质、夹砂灰黑色，卷沿外翻，浅腹，宽平底。青瓷器有碗、高足杯。青瓷碗，胎色偏灰。圆唇，斜直腹，矮圈足，器内划花。青瓷高足杯，胎白，开冰裂纹。

宋元青瓷器和陶器
1. 青瓷碗残片(T3⑤:1)
2. 青瓷高柄杯足(T1⑤:4)
3. 陶四耳罐残件(T9⑤:54)

明清时期器物主要有青花瓷碗、铜钱。

青花瓷碗根据碗内图案的差异分下列几大类：

植物类有菊、梅、兰、松、牡丹等。人物类多为福禄

明清瓷碗底(T9⑤:4)　　　　　　明清瓷碗底(T9⑤:46)

明清瓷碗底(T9⑤:8)　　　　　　明清瓷碗底(T9⑤)

明清瓷碗底(T9⑤)　　　　　　明清瓷碗底(T9⑤:1)

星。山水建筑有假山、河流和亭榭。

　　碗的外底款识较多，有"大明年造"、"大明成化年造"、"长春堂造"、"长春佳器"、"攸同万福"、"福"、"寿"等。

　　明清铜钱有顺治通宝、嘉庆通宝、乾隆通宝等年号。

明清陶烛台(T1⑤:2)　　　　　　　明清陶烛台(T1⑤:1)　　　　　　　嘉庆通宝(T1④:2)

明清铜勺1枚，细长柄，浅盘有小孔。

明清陶器多为泥质、夹砂黑陶灯，另有灰瓦和瓦当，还发现1件玳瑁制品。

通过此次发掘，我们认识到以下几点：

（1）汉江上游的文化在新石器晚期属于屈家岭－石家河文化体系，周代被纳入荆楚格局之中。根据此次发掘早期的文化遗物来看，这种状况并未发生变化。

扁形锯齿状鼎足属石家河文化典型器物，方格纹罐在遗址附近的青龙泉和大寺均有发现。

东周时期地层出土的陶鬲、盂、豆、罐组合与当阳赵家湖楚墓所出一致，削足鬲、磨光黑陶豆和凹圜底盂、罐在赵家湖、雨台山楚墓中均能找到类似器。

上述遗物表明，杨家岗周围很早便被开发并定居形成聚落，而目前发掘的探方可能属聚落的边缘地带，因为其地势较高，约148米，与20世纪60～70年代当地的居民区相同。其文化中心区应临近汉江。

（2）宋元时期，杨家岗一带仍处于文化边缘地带，器物零星出现。明清时期，随着人口的增多和经济的繁荣，伴随着各类精美的青花瓷器出现，杨家岗也不例外。但是，这时期的遗迹还未被发现，这进一步表明在丹江口库区未建之前，当地人类的主要活动区域应临近汉江或其支流。

撰稿：吴小平　钟礼强

郧县乔家院墓群

◉ 湖北省文物考古研究所

　　乔家院墓群于1958年发现，位于郧县西部的山区，东距郧县县城的直线距离约40公里。北与郧西县的天河口隔江相望，现隶属于郧县五峰乡肖家河村管辖。墓群位于汉江上游南岸的台地上，中心地理坐标为北纬32°51′30″，东经110°23′20″。海拔高程为165～220米。

　　墓地东西长1000、南北宽750米，总面积75万平方米，除去破坏地段和沟壑，墓地实有面积约30万平方米。

　　乔家院墓地的北部呈"凸"字形，濒临汉江南岸，汉江径流自西而东环绕墓地的西部、北部和东部，形成三面环水的地形。

　　墓地15米以下的地质主要为元古界武当山群和震旦系地层岩性，8～15米为震旦系砂石层，本层含金，每立方米含金量为0.02～0.06克，0.4～8米为新生代第四纪黄棕壤和黄褐土。0.4米以上为现代耕土层。第四纪的黄棕壤土和黄褐土只分布于此。

墓群外景（北—南）

M6墓主人头骨

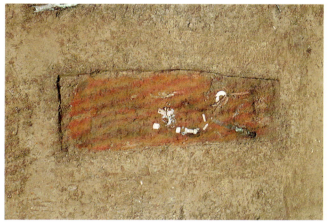

M4主棺和佩饰

墓地濒临汉水南岸，自北向南呈三级梯级逐级抬升，由于受燕山造山运动和喜马拉雅山抬升运动的影响，墓地的地形形成一道道东南至西北走向的螺旋状的岗脊和沟谷，当地俗称为"莲花地"。地表现主要种植旱地作物，少数地方的植被为人工阔叶林和针叶林。

由于乔家院地层内含有砂金，历年来在此淘金者不绝，长年在此动土致使大批墓葬遭到破坏，同时不断有文物在此面世。据不完全统计，可知的青铜器就有如下几批，并且多有铭文。

（1）1976年在肖家河六组土地庙平整土地时出土鼎、盘、匜等数十件青铜器，其下落不明。

（2）1994年湖北省文物考古研究所会同地、县博物馆在此进行专项调查时

M4

M5青铜器出土情况

在该地一农户家发现一件蟠螭纹铜鼎盖。

（3）1990年，原郧阳地区博物馆在肖家河征集铜鼎、簠、缶、盘、匜、剑、镞及玉器共14件。其中一件铜簠器盖与器底均有铭文19字，属申国铜器。

（4）2001年，郧县博物馆在肖家河六组征集到铜鼎、壶、敦、盘、匜、剑、镞共14件。其中有3件有铭文，属唐国铜器。

鉴于郧县乔家院墓地的重要性且又属于南水北调工程的淹没区域，在南水北调中线工程开工前，湖北省文物局责成湖北省文物考古研究所派员对乔家院墓地进行了多次调查和复查，并最终将其确定为A类文物点上报。2006年3月，由湖北省文物考古研究所主持，对乔家院墓地进行勘探和发掘。勘探、发掘工作时间为2006年3月17日～12月31日，共勘探6.5万平方米。为了不使墓葬遗漏，勘探采用50米×50米探网，按1.5米×1.5米梅花孔布孔。经过工作。共勘探出春秋至明代墓葬64座。

根据勘探所提供的信息，在土地庙和泰山庙梁子进行了选点布方发掘。本次共发掘1条近代沟、2座近代墓、4座春秋墓葬，近代沟和近代墓都未见随葬品。本次的重要发现就是发掘了4座春秋墓(编号为M3～M6)。4座春秋墓皆位于乔家院的北部区域，其主要收获有：

（1）四座墓葬的规模和规格都相当高，属中型墓葬，除一座墓葬曾被盗扰外，其余皆未

M6

盗掘。其墓坑长5.35~6.5、宽4.8~5.35米，深3.8~4.2米。尽管棺椁已朽，但其棺椁朽痕都极为清楚，从棺椁朽痕判定，全都为椁分三室(即头厢、边厢和棺室）的一棺一椁墓葬。这是首次在鄂西北经科学发掘的高规格春秋墓葬，为研究鄂西北地区春秋墓葬的葬制与葬俗提供了科学的依据。

（2）四座墓葬出土陶器、玉器、骨器和石器132件，其中青铜器71件。在整个青铜器中，成组青铜礼器36件，其他青铜器35件。青铜器可分为礼器、兵器、工具和服饰器。青铜礼器的组合一般为鼎、缶、簠各2件，盥缶、盏、盘、匜、勺、匕各1件。这是迄今为止在鄂西北地区首次批量发现不同质地的春秋器物群。

（3）所见器物形制与年代都比较确定，文化因素明确。从器物的形制、花纹风格与已发掘的当阳赵家湖、襄阳山湾、麻城李家湾、淅川下寺春秋楚墓所出的青铜器大多相似或相同，可确认为这几座墓应是一批春秋中晚期的楚墓。郧县乔家院古属麇国地，约当在春秋中晚期为楚所灭。这里所见楚墓，应是楚灭麇后楚人入主麇地后的楚墓。乔家院所见楚墓不仅对建立鄂西北地区楚墓年代学序列，而且对研究楚文化的西进旅程及楚麇关系至关重要。

（4）部分青铜器上发现有铭文，对研究青铜器的国属及物主有重要意义。过去在乔家院墓地曾采集过两批铜器，且都有铭文，其国属涉及古申国和古唐国。本次科学发掘再次发现

铜盏（M4:10）

铜盏（M4:10）特写

铜匜（M4:6）特写

铜戈（M4:14

铜鼎（M4:2）

铜匜（M4:6）

铜簠（M4:9）

铜勺（M4:5）

铜鼎（M4:1）

铜勺（M4:5）特写

铜匜（M4:6）特写

铜戈（M4:13）

铜戟（M4:4）

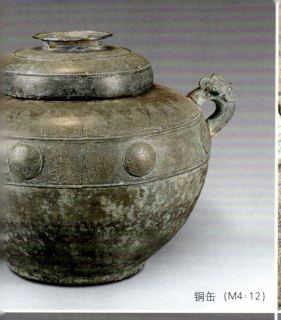

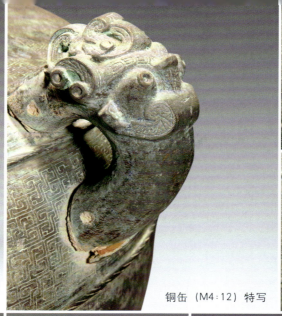

铜缶（M4：12）

铜缶（M4：12）特写

铜缶（M4：12）特写

铜戈（M4：14）特写

铜勺（M5：1）

铜缶（M5：2）

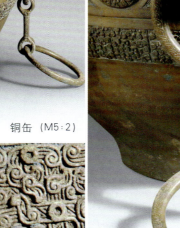

铜缶（M5：2）特写

铜缶（M5：2）特写

铜缶（M5：2）特写

铜鼎（M5:6）

铜匜（M5:15）

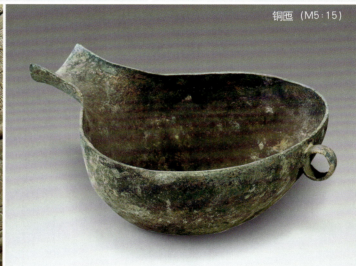

铜鼎（M5:6）特写

铜鼎（M5:6）特写

铜圆尊缶（M5:11）

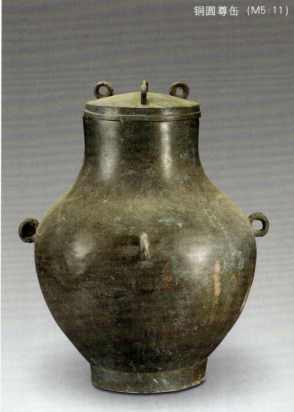

铜勺 (M6:9)

铜缶 (M6:10)

铜匕 (M6:24)

M5:5) 特

特写

铜匕 (M6:24)

铜鼎 (M5:5)

铜盘 (M5:14)

铜勺 (M6:22)

铜勺 (M5:12)

铜匜 (M6:11)

铜缶 (M5:2)
通高33.5、口径21.1、腹径40、腹深28.4、底径21.3厘米

铜匜（M4:6）

通高13、口纵径20、横径40、腹深6.7厘米

铜盏（M4:10）

通高16.5、口径19、腹径19.7、腹深9.5、足高3厘米

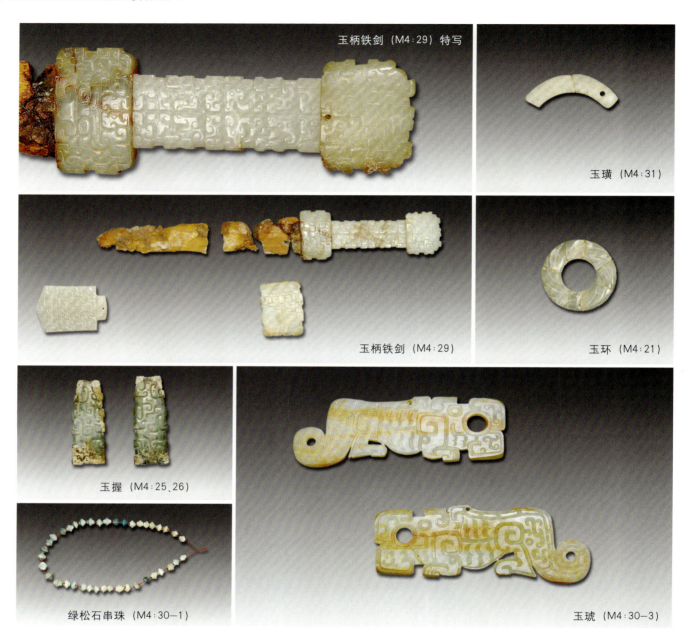

玉柄铁剑 (M4:29) 特写

玉璜 (M4:31)

玉柄铁剑 (M4:29)

玉环 (M4:21)

玉握 (M4:25、26)

绿松石串珠 (M4:30-1)

玉琥 (M4:30-3)

青铜器上与前出相同国名的铭文，更为重要的是，所属同一国的铜器所见人名不同，并出于不同的墓葬，说明他们可能存在着世系关系。多国铜器的出土，必将推动这一区域青铜器的分国研究。

（5）普遍发现有殉人葬俗，对研究春秋人殉制度有着重大的学术价值。本次发掘的四座墓葬中每墓各殉一人。墓主与殉人在墓葬中的排列有着明显的主从和尊卑关系，墓主棺内皆有朱砂，殉人则无。殉人大多横置于墓主的足部，且无随葬品。目前楚地已发掘有殉人的墓葬有鄂城百子畈5号墓、长沙浏城桥1号墓、新蔡葛陵楚墓、固始白狮子地1号墓、淅川下寺春秋楚墓、和尚岭和徐家岭楚墓等。其中，前三例皆为战国时期，后几例则属春秋时期。本次所见殉人墓是继淅川下寺楚墓发掘后，在楚地所见比较集中的又一春秋楚国殉人墓地，也是建国以来在湖北首次发现的春秋殉人墓地，从而必将引起学术界的广泛关注和探讨。

撰稿：黄凤春　黄旭初

郧县郭家道子遗址

● 湖北省文物考古研究所

　　郭家道子遗址位于郧县安阳镇槐树村二、三组境内，西距县城22公里，南距汉江5公里，东距安阳镇4公里，郧丹公路从遗址北部穿过。遗址地貌为河流宽谷类型，东西各有一条小河在遗址南部汇合称为汉河，东、西两面均为山脉，南面的宽谷与汉水相连。遗址所在地海拔168～172米，北部台地较高，南部为大片的西瓜基地。原台地调查为8000平方米，实际分布面积包括南部的河流冲积畈，南北长280、东西宽150米，总面积近4万平方米。

　　本次发掘从2006年6月开始，至2007年4月中旬已发掘探方68个，其中南区17个，2月18日前已全部发掘结束，北区51个，合计发掘面积1700平方米。发现房基4个、水井1个、灰沟3条、灰坑31个、瓮棺葬11个、灰烬层遗迹2个、红烧土遗迹3个。出土石器2501件、铜器4件、可修复陶器66件。

　　该遗址地层堆积南北两区差别较大，北区文化层破坏严重，从出土遗物看，至少存在新石器时代和东周两个时期的文化层，但东周仅在耕土层发现少量的陶片，新石器时代也大多在20世纪70～80年代遭到毁灭性破坏，遗迹很少，距地表深1.5～2.5米，皆为被破坏的文化层堆积，包含大量的红烧土块和碎石块，出土陶片很多，但也有少量的现代杂物，仅保存底部很薄的文化层以及少量瓮棺和房基。

　　南区地层一般分为8～10层，东周文化层堆积较厚，新石器文化层堆积较薄。其中第3层为汉代文化层，西南几个探方缺失，第4、5层为东周文化层，第6～10层为新石器时代文化层。

　　（1）新石器文化遗存　　南北两区均有分布，南区文化层埋藏较深，一般在地表下0.8～1.5米，堆积普遍较薄，文化遗迹不丰富，属于聚落的边缘地带，主要遗迹有灰坑、

遗址外景

新石器F6、F7（东—西）　　　　　　　　　　　　　東周G1、G2（东—西）

红烧土遗迹等。北区原新石器时代文化层堆积较厚，但破坏严重，残存在文化层距地表深约1～1.5米。遗迹也不丰富，主要有房基、灰坑、灰沟、灰土层等，房基2座，均为圆形深基槽地面建筑，基槽内有一圈柱洞。灰坑有一类开口近长方形，坑底较深，有的壁上还留有脚窝，推测可能是作为窖穴使用。另发现10座瓮棺，葬具一般为大口陶罐或矮领陶罐，其上正放一陶钵，陶罐内有的能发现少量的婴儿头骨。

陶器南区数量很少，多为泥质红陶、泥质褐陶，另有少量的夹砂灰陶，多为薄胎，以素面为主，器形比较单调，以泥质红陶钵的数量最多，另有少量的罐、杯、鼎足等。北区出土陶片数量较多，其中以第3层扰乱层出土数量最多，从陶质陶色看，有夹砂黑陶、灰陶及泥质红陶和灰陶；纹饰有篮纹、细绳纹、弦纹等；器形比较丰富，有鼎、罐、盆、缸、钵、杯、瓮、纺轮等，以罐的数量最为丰富，有矮领罐、大口罐两大类，其次为敛口钵，鼎口沿的数量也比较多。

新石器石斧（左→右）
（T0208②:3、T0208②:5、T1947⑤:1、H13②:8）

出土遗物中石器数量较多，北区多出自耕土层和扰乱层，南区出自新石器时代地层和东周地层。石器绝大多数为磨制，也有少量的打制石器，磨制可分为通体磨光和局部磨光两类。石器种类有斧、锛、凿、铲、锄、环、钺等，以石斧的数量最多，一般为舌形，另有少量的长方形，少量通体磨光，大多数仅刃部及器表局部磨光，器身保留较多的疤痕。石锛和石凿的数量较少，多为通体磨光，石凿一般为锥形。石铲的数量较多，但多数仅局部磨光，边缘保留较多的疤痕。刃部一般崩落较严重。石锄数量较少，一般较为厚重，有的中部略内束以便于附柄。除了以上各类生产工具，还有石钺、石璧等。

新石器石铲、石刀（左→右）
（T2050⑥:1、T1947⑤:2、T1848⑥:1、T0108②:3）

新石器石锛（左→右）
（T1848⑦:1、H16:1、H26:1、T1947⑥:1、T0208②:7、T1744⑩:2）

新石器时代文化内涵南北两区略有差异，南区为单

新石器陶罐（W4∶1）

新石器石凿（左→右）
（T1948⑥∶1、T1974⑤∶1）

新石器陶环、玉璜

纯的仰韶文化晚期，其中薄胎的红陶敛口钵、灰陶杯均为该时期典型器形，在青龙泉仰韶文化晚期普遍发现。北区文化面貌比较复杂，残留的地层以及瓮棺出土器物比较单纯，其中陶矮领小口罐、宽折沿的大口罐、翻沿敛口盆、敛口钵为仰韶文化典型器形。而仰折沿的鼎和罐、厚胎缸、平沿敞口盆、大口斜腹杯等则为屈家岭文化晚期的典型器形，屈家岭文化的遗物主要出自第3层扰乱层，已完全遭到破坏。

（2）东周与汉代文化遗存　集中分布于南区东南角，其余地方未发现，面积2000平方米左右，第4和5层为东周文化层，大部分探方的第3层为汉代文化层。文化层堆积厚约0.8～1米，东周遗迹及出土遗物比较丰富。遗迹有灰坑、灰沟、井。其中的G1和G2为东西向，东部高而浅，西部低而深，沟底横剖面类似于锅底状，应为流水冲积而成，沟内的陶片密集成层分布，还有大量的石块。沟内堆积由北向南倾斜分布，可能为当时人类由北向南倾倒生活垃圾堆积而成，出土遗物非常丰富，大部分为陶器残片，以夹砂灰陶和泥质灰陶为主，多饰粗绳纹，器形以豆和鬲的数量最多，另有罐、盆、瓮等器物，另出土石斧2件、石匕1件。未见房基等生活遗迹。东周遗物还出土少量铜器，主要有青铜削刀、残铜片等，其中1件青铜削刀保存完好，器形扁薄，刀口锋利。

汉代遗迹仅发现1个圆形直壁灰坑，文化遗物主要出自EST1744、EST1745的第3层，有罐、豆等，另有少量的筒瓦和砖块。从出土陶器分析，鬲多为卷沿，侈口，短束颈，深腹，宽裆，柱状足，具有楚鬲的某些特征，但与典型楚鬲也有明显的区别，有几件可以修复。豆多为浅盘细高柄，可修复的数量较多。罐多为卷沿侈口，腹略鼓，可复原器物较少。

撰稿：刘辉

东周陶拍（H13②∶1）

东周陶盂（G1∶1）

东周青铜刀（T2049⑤∶1）

郧县韩家洲墓群

◉ 湖北省文物考古研究所

　　韩家洲墓地位于郧县县城西30公里，地理坐标为东经110°39′10″，北纬32°47′40″，海拔20～220米，属柳陂镇韩家洲村(原西流村) 二组。南北两侧为汉江，西南为堵河入江口，汛期时四面环水，古时称大孤山。韩家洲是一处孤立于汉江中东西向的一条山岗，南、西、北三面较陡，东部较缓，顶部高低起伏不平，地形开阔，现居民多集中在洲南坡的中西部居住。韩家洲墓群主要分布在洲的南坡向阳地带,到处可见几何花纹砖及残破陶、铁器等，特别在2000年前后，当地盗墓成风。据村民介绍，当时经村民协商，除传说中韩信母亲的墓不能盗掘外，其他各自承包的责任地中的墓葬可任意盗掘，所以导致洲内墓葬绝大部分被破坏，现地面到处可见盗墓残留的坑、洞等，破坏文物不计其数。

　　为配合南水北调工程，考古工作队于2006年12月17日进驻发掘现场，12月18日开始调查勘探，22日开始发掘工作，至2007年2月8日发掘工作结束。

墓地远景

墓地全景

墓地勘探现场

墓地发掘现场

发掘布方采取象限法布方，勘探结束后，选定布方发掘区，以韩家洲村村民韩天顺房子东北角的南北纵轴线为界，将墓地分为东、西两个发掘区，本次发掘在东区。布方面积10米×10米，取南北正向，共布探方18个。发掘面积1800平方米，勘探面积2400平方米。

目前已发掘两汉墓葬33座，均为南北向。墓葬成排分布，排列有序。有砖室、土坑和带墓道的洞室墓三类。各类墓葬均遭不同程度破坏。此次出土了一批陶、铜、铁、木(漆木器均残) 等质地的随葬品，其中陶器80余件，铜器9件，铁器10余件(均锈蚀残破) ，铜五铢、半两、货泉数百枚及铜质饰件等。

砖室墓7座，均被不同程度的破坏，大多墓砖无存，仅

砖室墓M6

陶灶 (M6:1)

陶仓 (M6:2)

铜钱 (M6:6)

残存墓圹，均为长方形单室墓，出土随葬品有陶罐、瓮、仓、灶及铜五铢钱、货泉等。

土坑墓19座，均为长方形窄坑竖穴墓，墓坑四壁都经过简单加工修整，填土为异地运来的一种夹石子的红土，质硬有黏性。葬具都腐朽无存，人骨大多腐烂，随葬品有陶器、残铁器、铜器及铜五铢钱、铜镜等，大多放置在墓室东部。

陶罐(M17：1)

陶壶(M17：2)

陶鼎(M17：3)

陶盒 (M13：02)

陶鍪(M26：1)

铜鍪(M29：3)

铜铃(M14：4)

陶罐(M14：7)

铜环(M30:4)

铜镞(M25:01)

铜带钩(M18:3)

陶甑(M16:2)

带墓道洞室墓7座，均为长方形洞室墓，墓壁均经过简单修整，填土为一种夹石子的红土，墓道都设在墓室的南部，墓道高出墓室0.2~0.4米。葬具、人骨无存，随葬品1~12件不等，有陶器、铁器、漆木器、铜器及铜五铢钱、铜饰件等。

从此次勘探及发掘的情况来看，韩家洲墓地墓葬分布较为密集，而分布区域从韩家洲东部一直至韩家洲西部，东西长达1.5公里，墓葬年代从两汉一直延续至唐宋时期。墓地面积之大，墓葬分布之密集，延续时间之长，是整个郧县库区少有的。

郧县地域处于秦、楚交接处，从出土的陶、铜、铁器的形制看，具有楚的遗风，也受到秦的影响，但地域文化浓厚。对研究汉江流域两汉时期的墓葬发展序列具有重要意义。

撰稿：付守平

陶罐(M16:1)

陶罐(M32:2)

郧县瞿家湾遗址

◉ 陕西省考古研究院

　　瞿家湾遗址位于十堰市郧县城关镇菜园村七组西南约1公里处。遗址中心地理坐标为东经110°49′20″，北纬32°52′20″，海拔157～159米。西有李泰家族墓群与遗址隔河相望，东部为高地，属于东菜园村及杨家岗辖地。遗址现存面积超过1万平方米，文化层堆积为后石家河、春秋、汉、唐、明、清、民国等连续叠压，文化层堆积总厚度1.5～2米。

　　2006年11月～2007年5月，陕西省考古研究院派队对遗址进行了抢救发掘，截止到2007年1月，钻探面积5000平方米，发掘面积1630平方米。发掘结果显示，遗址地层堆积有五大层，其中第4层为东周时期，陶器绝大多数为夹砂红褐陶，器形有鬲、罐、盆、豆、甗、瓮等。第5层堆积或可称为"后石家河文化时期"，出土陶釜、高领罐、鬶、豆和石器，另有一

遗址全景

I 区明清建筑遗址（南—北）

定数量的陶三角形、梯形扁足鼎等更早期遗物的残片。反复改建、重建的明清石建筑把东周以前的地层打破得支离破碎，各探方早期堆积的厚度、连续程度差别很大，总体看，在发掘区的东南角以后石家河文化时期的堆积为主，北部以东周时期文化层堆积较厚。共有东周灰坑28个（包括残陶窑2座），后石家河文化的灰坑18个。墓葬9座，包括新石器晚期1座、汉墓3座、唐墓3座、明清墓2座。另有东周或更早期的房基残段和汉代水井、明清窖穴等遗迹。出土可修复陶器近60件、石器78件、铜钱180余枚，另有大量的明末清初瓷片，年号有大明万历、大清丙午等。

明清房屋均为石砌墙基的多间套合。根据墙体、院落中出土钱币推断，此建筑群使用年代为康熙至同治时期，废弃于1912年以后。建筑群内出土玉蟾蜍、瓷片以及大量铜钱。铜钱包括日本宽永年间开始铸造的"宽永通宝"（1626年）、越南后黎朝景元年间(1740～1757年）铸造的"景元通宝"以及光绪铜币、民国二年嘉禾铜币、清代康熙至同治年间使用的各种通宝，反映了当地经济发展和对外贸易的盛况。其中F3是其中规模最大的一组，建筑面积超过200平方米，平面呈"凹"字形，坐东面西，庭院铺石，宽约0.6米的石路正对堂屋，堂

后石家河时期蚌器(H50∶4)

陶盆(H47∶4)

后石家河时期陶折肩罐(T3④∶8)

后石家河时期陶釜(H54∶1)

后石家河时期陶釜(H62∶2)

后石家河时期石器

屋两侧有对称的南北套房各2间。其堂屋面阔达8米，进深4.5米。建筑考究，布局合理，显示出主人具有一定的经济实力。

墓葬保存均不完整。清代儿童墓葬1座，长方形竖穴，墓穴较浅，无随葬物。砖室墓7座，均被扰，墓向北或东，墓道残余极少部分，骨架残缺严重，其中M9、M2出土少量"五铢"，推测年代应为汉魏时期。另4座残存"开元通宝"，钱文"元"字最后笔画上挑。M4还有深腹瓷钵残片。此类墓葬墓主等级不高，应为一般的平民墓葬，年代不早于唐代。M7为一座浅竖穴墓葬，墓壁弧线不规则，无明显葬具痕迹，单人葬，墓主侧身直肢，头向东，面向上，腿部随葬有磨光黑皮陶杯、夹砂陶釜。推测该墓年代应晚于石家河文化。

汉代水井有砖箍井壁。砖弧形，正背均有粗绳纹，侧面有浅榫卯，井底清理出灰陶残片、几何纹残砖。此类砖构的箍井方式是迄今为止当地所仅见的孤例。清代水井多用青石围砌井沿一圈，井底有大量青花瓷片，有"大清丙午"、"政启瓷玩"等款识。

东周时期的灰坑以春秋早期为主，有长方形、圆形、不规则形等，坑内常见堆积草木灰、红烧土残块、海螺壳以及陶片、石器。陶器以夹砂红、褐陶占主导，少量泥质灰陶。

明清建筑遗址（西—东）

纹饰常见绳纹、弦纹、附加堆纹等。可辨器形有鬲、高领罐、盆、甑、豆等，尤以鬲数量最多，鬲均为夹砂红（褐）陶，柱足，饰绳纹。其中H47，平面不规则，口大底小。堆积物为大量的陶片、草木灰、石块等。修复的陶盆为泥质褐陶，磨光，外壁局部黑亮。敞口，卷沿，方唇，短束颈，弧肩有折棱，弧腹缓内收，下腹缓收至平底。腹残留零星绳纹。 陶瓮为夹砂红褐陶。侈口，卷沿，方唇，束颈，弧肩有附加堆纹一周。上腹鼓，下腹内收，下腹残不可复原完全，似小平底。复原高度约80厘米。陶鬲的总体特征是足窝深，有附加泥片

后石家河时期M7

东周陶盆（H47：5）

东周H49（东—西）

东周陶盆（H57：1）

东周陶鬲（H73：1）

东周陶鬲（Ⅰ区T10④：1）

清早期玉蟾蜍 (F4:2)

清早期瓷罐 (F4:4)

填垫，柱足矮。有的足尖截面呈圆形，弧裆低，饰粗绳纹。柱足部分绳纹压印杂乱，外形似麦粒状小窝。H49是另一座春秋早期灰坑。坑内堆积的陶片很多，修复起来的有鬲、盆等。两灰坑年代相近。H73中出土的陶鬲是本次发掘东周遗物时代最早的一件，具有尖唇、卷沿、无肩的明显特点，年代可早到西周晚期。

后石家河文化的一些灰坑有不对称柱窝和薄层踩踏面。出土陶片可辨器形有釜、高领折肩罐、豆、盆、带把杯等，以夹细砂灰陶为主，红陶较多，纹饰有网格纹、篮纹、细绳纹、附加堆纹等。石器包括锛、斧、凿、镰等，以磨制为主，也有较多数量的打、磨结合品。石器形体较小，很多石器是利用卵石剥落的石片稍作加工，这样的石器一面是自然的石皮，另一面是剥落的劈裂面。石器石质包括花岗岩、石英砂岩、白云岩、汉白玉和硅制灰岩等五类，以硅质灰岩占大宗。花岗岩只有1件。骨、蚌器出土数量较少，其中蚌器包括装饰件和使用工具如镰、刀。

瞿家湾遗址时间跨度较长，通过发掘及初步整理，其文化面貌初步可划分为三个主要阶段，即后石家河文化、东周早期以及明清时期。其中，东周时期的遗存上限不晚于春秋早期。另外，"后石家河时期"的陶器与典型的石家河文化有联系也有较大的差别，或可认为是丹江地区新石器晚期文化继续发展并与中原文化交流、融合的结果。这些材料一定程度上填补了该地区夏商至西周时期的文化空白，为丹江流域楚文化溯源的课题研究提供了珍贵的材料。

撰稿：许卫红

郧县鲤鱼嘴遗址

◉ 湖北省文物考古研究所

　　鲤鱼嘴遗址位于郧县柳陂镇黄家坪村八组，在汉江南岸二级台地上。地理坐标为东经110°44′34″，北纬32°50′56″，海拔154～166米。高出江面2～4米。遗址东部旱地早年平整过，西部原为村民居住区，20世纪60年代末70年代初库区移民搬迁后全部改为旱地。一条农耕路从遗址中部穿过，将遗址分为南北两半。遗址东北距郧县县城约5公里，距汉江北岸大寺遗址约2公里，南距居民点约300米，北距汉江约100米。

　　2006年10月23～11月7日，湖北省文物考古研究所鲤鱼嘴考古队，以鲤鱼嘴为中心对遗址进行了全部勘探，勘探面积近13万平方米。遗址主要分布在鲤鱼嘴西部，通过勘探，我们确定遗址文化层厚0.5～1.5米，面积近2万平方米。汉代砖室墓葬群主要分布在遗址的西南部。发掘工作于2006年11月8日开始，2007年1月15日结束。实际发掘面积750平方米。

　　遗址的地层堆积比较简单，共分4层。

　　第1层，耕土层。厚0.25～0.3米，灰色沙土。为汉江水淤积而成。现种植经济作物和蔬菜。

　　第2层，扰乱层。厚0.2～0.4、深0.35～0.6米。灰褐色土，土质松软。包含物有东周、汉、六朝时期和现代遗物。新石器、东周遗迹大部分分布在此层下。

　　第3层，东周文化层。厚0.15～0.3、深0.5～0.95米。灰黑色土，夹有少量红烧土颗粒和草木灰。土质较板结，分布整个遗址。

遗址外景（东南-西北）

探方全景（东-西）

T1～T12发掘现场

第4层，新石器文化层，厚0.15～0.2、深0.65～1.1米。主要分布在此次发掘的东北部，在T17、T18、T24、T27四个探方内有少量遗物，其他探方只发现零星碎片。

遗址内发现灰坑39个、灰沟7条和窑址1座，均开口于第2层下。

新石器灰坑5个。分别为H33～H37。灰坑有圆形和椭圆形。

H37，位于T27北部。开口在第2层下，打破第4层和生土。平面呈圆形，直壁，平底。填灰黑色土。坑直径1.3、深0.75米。包含物陶器主要有釜、鼎、罐、缸、碗和器盖，石器主要为打制石锛。

东周灰坑34个。分别为H1～H32、H38、H39。灰坑有圆形、椭圆形和不规则形。陶质以夹砂红陶为主，灰陶次之。泥质陶以灰陶为主，褐陶、黑陶次之。

新石器 H 37（东—西）

新石器陶罐（H37：3）

新石器石锛（H37：1）

新石器陶器盖（H37：5）

东周H27器物分布情况（北—南）

东周陶盂（H27：2）

东周陶罐（H 27：3）

东周陶豆（H27：6）

东周陶豆刻划符号（H27：4、6）

东周陶豆（H27：4）

东周H1器物分布情况（西－东）

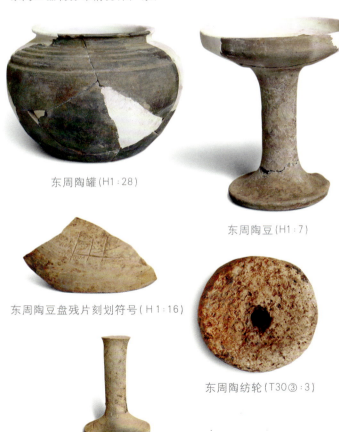

东周陶罐（H1:28）

东周陶豆（H1:7）

东周陶豆盘残片刻划符号（H1:16）

东周陶纺轮（T30③:3）

东周陶豆盘刻划符号（H1:14）

H1，位于T8东南部。开口在第2层下，打破第3、4层，距地表深0.25米。平面呈不规则形，斜壁，锅底。坑口残长2、最宽处1.7、深0.2米。包含物主要为陶器，以豆为主，另有陶罐、瓮、盂等。

H27，位于T21南壁中部，部分在T15北隔梁中。开口在第2层下，打破第3、4层，距地表深0.44米。平面为椭圆形，斜壁，锅底。填灰黑色土，夹较多草木灰和少量烧土颗粒，土质松软。包含物较丰富，陶器主要有鬲、罐、瓮、盆、盂、豆等。

共清理灰沟7条，均呈长条形。其中周代灰沟5条(G3～G7)，汉代2条(G1、G2)。

G7，位于T16、T17、T22、T23、T26五个探方内。开口在第2层下，打破

东周陶鬲 (H24:1)

东周陶鬲 (H38:1)

东周陶豆 (H9:1)

东周Y1（东南－西北）

第3、4层和生土。距地表深0.4~0.5米，打破第3、4层和生土。平面呈长条形，斜壁，圜底。填灰色土，土质较板结，夹有少量烧土颗粒和草木灰。坑残长10.3、宽1.6、深0.5米。包含物有陶鬲、罐、豆等器物残片。

窑址1座（Y1），分布在T10、T16两个探方内，在此次发掘区的中部。开口在第2层下，打破第3、4层和生土层，距地表深0.25米。窑上部已被破坏，残存窑址呈椭圆形。由窑床、火道、火膛、烟道和工作间组

东周Y1（南－北）

东周W1（东—西）

东周陶瓮（W1∶1）

东周W2（西—东）

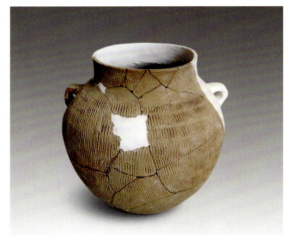

东周陶罐（W2∶1）

成。窑址长3.6、最宽1.4、残高0.1～0.8 米，窑室直径1.1米。火道内有陶鬲和罐残片，火膛底部有鬲足和绳纹陶片。

墓葬有砖室墓和瓮棺葬。砖室墓主要分布在遗址的西南部，为汉代墓葬，保存状况较差。为了解墓葬的形制和结构，从勘探的墓葬中，发掘了其中保存较好的1座。

M6，位于T28中部。上部已被破坏，残存墓底部。墓底呈长方形，铺"人"字形地砖。墓室内未发现棺木和人骨架。墓口长3.36、宽1.8、深0.1～0.62米。方向250°。随葬器物残存1件釉陶碗，墓底有五铢和大泉五十铜钱。

瓮棺2座，发现于此次发掘的东北部，开口在第2层下。

W1，位于T21西南部。开口在第2层下，打破第3、4层和生土层，距地表深0.44米。坑平面呈椭圆形，填灰褐色土。坑直径0.56～0.65、深0.2米。由1件陶瓮和1件豆组成，瓮内无骨架。

东汉M6（东北-西南）

　　W2，位于T24西南部。开口在第2层下，打破第4层和生土层，距地表深0.5米。坑平面呈椭圆形，填灰黄土。坑直径0.5~0.6、深0.15米。由1件陶双耳罐和1件豆组成，罐内无骨架。

东汉釉陶碗（M6:1）

　　鲤鱼嘴遗址从新石器时期开始人类就在这里生息，经历了几千年的变迁，又经汉江水历年的浸蚀，遗址受到不同程度的破坏。此次发掘地层堆积虽然较简单，但基本弄清了遗址的文化内涵。发掘中发现有新石器、东周、汉代和六朝时期的文化遗存。还发现了1处保存较好的东周早期窑址和2座瓮棺葬。

　　新石器遗存在遗址东北部有少量发现，出土陶器有鼎、釜、罐、缸、碗和器盖，石器有打制石斧等，它与郧县青龙泉、大寺仰韶的同类器物基本相似，年代应该属于仰韶文化晚期。

　　东周时期的遗存较丰富。出土遗物以陶鬲、盂、豆为主，陶罐、盆、瓮次之，从出土遗物观察，如鬲、罐、瓮、盆、盂、豆等陶器有一定的地方特色，同江汉平原出土的同时期同类器有着较大差异，为我们研究楚文化提供了新的资料。

撰稿：胡文春

郧县白鹤观遗址

◉ 湖北省文物考古研究所

　　白鹤观遗址位于郧县柳陂镇兴盛村九组。地理坐标为东经110°45′65″,北纬32°47′229″。海拔150～172米,高出河面约2～10米。东距郝家岩约500米,南为沙洲河河谷,西距半截坡约300米,北距柳陂镇约1000米,209国道从遗址西边南北向穿过,沙洲河从遗址东边自西南向东北流过。白鹤观为一个东西长约400、南北宽约100米的小山岗。明代时,岗地上建有寺观,名为白鹤观,清同治版《郧县志》记载:"白鹤观属武当山行宫",现已毁,故名白鹤观。白鹤观山顶平坦,南坡陡直,北坡面向汉江的分叉柳陂汉湖,坡度较缓。遗址即分布于白鹤观北坡及湖边阶地,地势大致呈西南向东北倾斜,属湖边二级和三级阶地。地表为菜地、橘子林及民居。

　　本遗址经历了两次发掘,第一次为2004年5月7～13日,为配合十漫高速公路工程,由湖北省文物考古研究所牵头,郧阳博物馆组织力量对该遗址进行试掘工作。共开5米×5米探方4个,实际发掘面积为100平方米。本次发掘出土了较为丰富的新石器时期遗物。从遗址中出土的新石器陶片标本分析,该遗址有夹砂陶和泥质陶两大类,陶色有红陶、橙黄陶、灰陶、黑陶及少量彩陶。新石器生产工具中,石器种类有斧、锛、敲啄器等。陶器有瓶、纺轮,骨器有骨匕。新石器生活用具均为陶器,其中以夹砂红陶最多。在出土的陶片中,大部分为器

遗址外景（东—西）

东北区及西北区发掘现场

物的口沿和底部，可辨器形有罐、盆、钵、鼎、尖底瓶、甑、盂形器等，与郧县青龙泉、郧县乱石滩(下层)的仰韶文化面貌相似(第一次发掘的资料在郧阳博物馆)。

第二次发掘为2006年10月中旬至2007年元月底，为配合南水北调丹江口水库清库工程，湖北省文物考古研究所组织白鹤观考古队对遗址进行抢救性全面发掘。共开5米×5米探方60个，实际发掘面积1500平方米。该遗址的新石器文化层多被严重扰乱破坏掉，新石器时代遗物较零碎。但本次发掘清理出保存较好的各时期墓葬18座，分别为商周墓1座、东周墓8座、六朝墓1座、宋代以后的墓8座，其中以东周墓保存最好。本次发掘还出土了一些瓷器。

东周墓位于遗址的西北部。从形制和随葬器综合分析可分两类：一类随葬日用陶器，有鬲、盂、罐、豆；另一类随葬仿铜陶

石斧(TN7E3②∶7)(摄影：余乐)

石锛(TN7E6③∶3)(摄影：余乐)

东周M12

东周陶壶(M12:1)（摄影：余乐）

东周M14

东周M9出土陶器组合

东周M14出土陶器组合

东周陶鼎(M11:1)（摄影：余乐）

高足瓷碗(H4:4)

东周M16出土陶器组合

礼器，有鼎、敦、壶、盘、匜、豆。仿铜陶礼器均为鼎、敦、壶组合，偶数（2）配备，器类也比较整齐。日用陶器鬲、盂、罐组合也很齐整。　现把保存较好的6座东周墓介绍如下：

M9，位于TN11W10 中东部，开口于第2层下，被H12打破，打破H8和生土。长方形土坑竖穴墓，墓为南北向193°。墓口长2.7、宽1.55米，墓壁陡直，壁面光滑。墓底长2.7、宽1.55米，墓坑深0.6米，墓底平整。填土较紧密，为黄褐色五花土。葬具腐烂，不见腐痕。人骨架保存较差，为仰身直肢葬。随葬器物有陶鬲、盂、罐、豆各1件，均置于墓室右侧（东侧）。

M11，位于TN10W13南部，开口于第2层下，打破4层。长方形土坑竖穴木椁墓，一椁二室，墓为东西向80°。墓口长2.45、宽1.65米，墓壁陡直，壁面光滑。墓底长2.45、宽1.65米，墓坑深1.82米，墓底平整。椁痕长2、宽0.85、高0.4米，椁板腐痕厚0.1米。填土较紧密，为黄褐色五花土，椁内为青灰泥土。葬具腐烂，可见腐烂痕迹。人骨架保存较差，为仰身直肢葬。随葬器物有陶鬲、盂、罐、豆各1件，均置于墓室的左侧（南侧）。

M14，位于TN10W112西北部，开口于第3层下，打破生土层。长方形土坑竖穴木椁墓，一棺一椁，墓为东西向75°。墓口长2.45、宽1.4米，墓壁陡直，壁面光滑。墓底长2.45、宽1.4米，墓坑深1.2米，墓底平整。椁痕长2、宽0.9米，填土较紧密，为黄褐色五花土。葬具腐烂，可见腐烂痕迹。人骨架保存较好，为仰身直肢葬。随葬器物有陶鬲、盂、罐各1件，均置于椁内左侧（南侧）。

H8出土陶片

M8，位于TN11W13西南部，开口于第3层下，打破生土层。长方形土坑竖穴木椁墓，一棺一椁，墓为南北向58°。墓口长2.6、宽1.8米，墓壁陡直，壁面光滑。墓底长2.5、宽1.76米，墓坑深0.6米，墓底平整。椁痕长2.3、宽1.2～1.4(头宽)米。填土较紧密，为黄褐色五花土。葬具腐烂，可见腐烂痕迹。人骨架保存完好，为仰身直肢葬。随葬器物有陶鼎、敦、壶、豆、盘各2件，均置于墓室的左侧(南侧)。

M12，位于TN10W14中部，开口于第3层下，打破生土层。长方形土坑竖穴木椁墓，一棺一椁，墓为东西向68°。墓口长2.5、宽1.6米，墓壁陡直，壁面光滑。墓底长2.5、宽1.6米，墓坑深2.15米，墓底平整。椁痕长2.05、宽1.05米。填土较紧密，为黄褐色五花土。葬具腐烂，可见腐烂痕迹。人骨架保存较差，为仰身直肢葬。随葬器物有鼎2、敦2、壶2、豆1、盘1、匜1，均置于椁内左侧(南侧)。

M16，位于TN10W15西南部，开口于第3层下，打破生土。长方形土坑竖穴墓，墓为东西向75°，墓口长2.7、宽1.6米，墓壁陡直，壁面光滑。墓底长2.5、宽1.4米，深2米，墓底平整。填土较紧密，为黄褐色五花土。葬具腐烂，未见棺椁腐痕及人骨骸，葬式不清。随葬器物有鼎2、敦2、壶2、盘1、匜1，均置于墓室左侧(南侧)。

这批墓葬出土的陶器，从器物组合看，可分为战国早期和战国晚期，战国早期器物组合为鬲、盂、罐、豆和鬲、盂、罐；战国晚期器物组合为鼎、敦、壶、盘、匜、豆和鼎、敦、壶、盘、匜。

经初步分析，白鹤观遗址新石器文化的性质与年代应该属于仰韶文化晚期。这与该遗址地处鄂西北，北与河南、西与陕西接壤的地理位置有关。白鹤观遗址出土的东周墓葬，根据其形式及随葬品组合判断，均为典型的东周墓。遗址出土情况表明该遗址从新石器时代以来一直都有人居住，而且南北文化在此交流融汇，为我们研究鄂西地区南北文化交流情况提供了重要资料，也为以后的南水北调文物保护工作提供了重要的参考资料。

撰稿：陆成秋

郧县龙门堂遗址

◎ 武汉市文物考古研究所

　　龙门堂汉代文化遗址位于郧县安阳乡龙门堂村一组，这里是郧县与丹江口市交界的边缘区。龙门堂一带属于汉水河谷中的支流宽谷，其地势平坦，经过20世纪70年代的农田改造，今天已是较理想的农业耕作区。武汉市文物考古研究所于2006年10月15日开始选点与勘探，10月29日正式开始发掘，至2007年1月25日结束田野工作。

　　为了了解遗址的堆积情况，本次勘探中，我们是用5米×5米的方式钻探，以找出遗址的地层堆积。按相关要求，勘探面积只限3600平方米。但是，在我们的发掘期间，专家组检查团来工地检查后认为，龙门堂遗址的分布与文化层堆积特点鲜明，很有必要扩大勘探范围与面积。于是我们遵照专家、湖北省文物局南水北调办公室领导的意见，扩大勘探范围与面积。到2007年1月，勘探东西1000、南北500米的范围，共计50多万平方米的面积。我们的勘探，基本弄清楚了该区域的遗址分布特点。龙门堂汉代文化遗址，可分为中心区与东、西、南、北区，各区与中心区相距离均在150米左右。东侧为山坡地，主要为墓葬区。南、北区的遗址面积要小于中心区，在4000到2万平方米左右。西区有遗址，并发现了砖室墓。中心区东西长500余米，南北宽约200米，面积约10万平方米。我们制定了分区发掘的方式，用A、B代表分区地点。首先发掘的A区，然后发掘了B区。由于对这一遗址是第一次发掘，在具体的发掘中，我们采取了如布5米×5米、10米×10米的探方发掘、整体揭露、扩方找全遗

汉代房屋遗址(F1为夯筑墙、F9可见墙基沟、F8为砖墙)（东—西）

房屋墙脚边的汉代婴幼儿墓葬(BW14、15)（南—北）

汉代婴幼儿墓葬(BW19)（东—西）

陶瓮(BT15④)

器盖(AT14④)

迹等多种形式。

　　在我们所发掘的A、B区域里，地层的土质土色虽有差异，但总体是第4层以下即是汉代的文化堆积层，或是遗迹丰富的叠压打破关系。

　　A区的地层可分为：第1层耕土层，为灰褐色土层。第2层扰土层，红黄色土中杂有灰土，有的地方厚，有的地方薄。第3层为褐灰色土层，属于明清文化堆积层。第4层即为遗址遗迹层，在这一层里，有丰富的瓦片堆积，在揭露了瓦片之后，发现多达六期建筑遗址层层叠叠叠压在一起。

　　B区的地层可分为：第1层耕土层。第2层扰土层，主要是改田改土时的堆积，这一层以黄红色土为主，较纯，少有包含物。第3层灰褐色土层，为明清时期文化的堆积层，在T1等方中较厚，在T12、T15中，特别是东侧，则没有这一层的堆积，这是因改田改土时挖取填补了其他低洼的地方。但在T1～T3中，发现有不少明清时期陶瓷器以及建筑遗址，在这一层的多数探方中，如T4～T10，都发现了清代墓葬。第4层黑灰色土，这一层应属唐宋层的

陶权（AT19④）　　　陶碗（BT13⑤）　　　陶三足盘（AT11④）

陶盆（AH7）　　　陶盆（AH7）　　　人物纹砖（BF8）

堆积，由于明清时期的破坏性较大，这一层较薄，保存也差，仅仅是T1～T8等探方中有少量的保存。

自第4层下开始，以汉代建筑遗迹为主，而且是多层建筑叠压打破。这些叠压在一起的房屋遗迹，因这一片整体发掘与揭露不全，还没有将其发掘到生土层，留待今后更进一步的揭露与发掘，以期最后弄清楚其主要的房屋布局与地层堆积的文化特点。

在本次的发掘中，除使用传统的探方布方、测量方法外，我们还使用了GPS定位仪、测距仪等。经测，发掘A区西南角地理坐标为(T20的西南角）东经110°04′544″，北纬32°49′104″。B区的西南角地理坐标为(T1的西南角）东经110°04′433″，北纬32°49′115″。

本次发掘中出土了一大批有历史价值的文化遗物，其中有陶器、铁器、钱币及明清瓷器等。汉代陶器以灰陶为主，陶片计三百余袋。就陶质而言，硬度较好。主要器形有罐、瓮、盆、碗、碟、盘、甑及大量的瓦当，还有绳纹筒瓦与板瓦，瓦片内模印痕，有绳纹、大方格纹等多种。在发现的300多件各类小件文物中，以汉代的钱币为主，其中有半两、大泉五十、货泉、五铢以及宋代、清代的钱币等。通过初步清理，可知能修复的汉代陶器有40多件，其中以大件的陶器为主，如瓮、盆等。一般性的陶器有罐、碗、三足器盘、器盖、豆柄等，其中以双耳罐最多。其次还发现有陶纺轮、陶网坠等。另有铁臿、铁斧、铁凿等铁器。青铜器主要有镞等。

本次发掘共发现房址17座(A区6座，B区11座，其中1座为明清时期）。最大房址面阔40余米，进深约7.5米；最小的房址面阔15、进深5.2米。一般性的建筑多面阔20、进深7米左右。房址以多次叠压为特点，所见的房址叠压，均有三次以上的建筑过程层叠在一起。在B区F8

建筑遗址基础里，发现有人物纹砖、钱纹砖等，砖墙为空心墙体，表明这所建筑的主人有一定经济实力。

发掘墓葬有汉代成人瓦片墓2座，汉代的婴幼儿墓31座，宋代的砖室墓1座，清代的土坑墓22座。汉代瓦片墓是用大的残碎绳纹板瓦片上下相扣合而成的。汉代婴幼儿墓，一是多用绳纹板瓦片上下相扣合而成，二是用砖块砌成长方形小坑，三是用较特别的瓦棺为葬具。在A区与B区里均发现有成人瓦片墓葬各一座。而这两座成人墓葬，都是埋葬在房屋的基础墙基里，这是一个很特别的现象。有的婴幼儿墓葬还有随葬品，如五铢钱、陶罐等。宋代的墓葬为砖室墓，但随葬品仅有宋代钱币20余枚。清代墓葬的堆土多被破坏，多单次葬，也有二人合葬，墓中仅随葬有少量的钱币，如康熙、乾隆、道

AF3出土瓦当

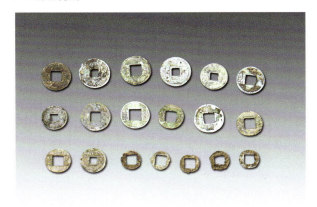

钱币（大泉五十、货泉、五铢、剪边钱等）

光、同治等不同时期的钱币。从排列的次序上看，这应是一家族墓地。

发现的灰坑共计25个，主要是属于汉代的灰坑，有圆形、椭圆形、不规则形等。不少的灰坑中，均发现有较丰富的陶器，如A区的H7中，就发现有不少可修复的陶器。

发掘中在B区的T1、T10、T13中发现了疑似的栅栏围墙体，即进行了扩方发掘，扩方是在T1、T4、T7的西侧，向西扩方6米，即发现了规律性的栅栏院落围墙基础，发掘清理长度60米左右，其墙基宽0.45~3米，在有些地段（局部）残高还有0.3米左右的夯筑墙体。在院落围墙上发现有多次建筑过的似篱笆墙的墙脚基础，也就是栅栏的基础沟。另在西侧围墙体上，发现了栅栏门槛一道，门宽0.85米左右。

在本次发掘中，我们认为最重要的收获有以下几点：

1.在本次发掘中，于B区里发现了聚落遗址的院落围墙体，主要是其西、南侧墙体及拐角相连接的一大段。在院落墙体上，有不同时期的栅栏遗迹多期，如柱子洞、栅栏沟遗迹，土坯墙（残高0.3米左右）等。目前不完整的墙体上，至少有四次左右的使用与建筑过程，有的是用木桩，有的是挖墙脚沟，有的是用土坯墙体。在西侧，还保留有当时的栅栏门道。两侧有栅栏沟，从沟体的特点看，栅栏体多是将木棍一类埋设在沟里的。

钱纹砖(BF8)

2.发现有房屋遗址17个(其中一个为明清时期的),系多次在同一地建筑,而且方向一致,面向西南,其叠压关系紧密。建筑时间以两汉为主。从房屋遗迹中所发现的遗物来看,最早的房屋遗址大约属于西汉前期,晚的有可能到了三国以后。在B区的建筑遗址上,目前发现了四个时期的建筑遗迹叠压,要探明是否有更早的遗址与遗迹,还有待进一步的工作。

如B区的F8,这所建筑遗址的上层另有两个阶段的建筑遗迹,F8年代约在西汉晚期或是到东汉前期,房址的特点是后墙壁用了砖块砌墙体,砖块上有人物形象、钱纹,人物形象生动,砖长28.5、宽20、厚6厘米。人物在砖块的当头,高18厘米左右,头戴冠,身着长衫,面目清俊。钱纹砖长34、宽17.5、厚7.5厘米。文字为"五铢十泉"四个字,钱纹的直径7厘米左右,钱纹或可称"大泉五铢"?但未明了。

我们认为,两汉时期龙门堂的建筑特点是用立柱与盖瓦,墙壁为泥巴墙与砖墙。篱笆墙墙脚有两排"U"形的小沟,沟内填满了带小砾石状的沙砾石填土。其间架则用较大的柱子,故发现有不少柱洞。另一种房屋使用了砖块或石块,如B区的F3与F8,都用砖块为墙脚,同时也有较大的柱础石,这些柱础石均有序排列。在前墙体中,也可见有不少立柱础石,这似乎表明,前墙也是篱笆墙。由此我们认为,这些房屋建筑的主要特点一是使用盖瓦,二是使用立柱,三是使用了大量的木棍作篱笆墙的支撑,而栅栏状的一端埋于地下,上端捆绑在立柱间的横杆上,以为墙壁。今天在湘西苗族地区一般的民居建筑上还可见栅栏墙式的建筑格局。

3.本次发掘共发现婴幼儿墓葬31座。这些婴幼儿墓葬均依于房屋遗迹,所见婴幼儿墓葬一是多用多片板瓦片拼凑成，或有用两片大的板瓦片相扣合而成的，覆盖的瓦片多为碎片，有的在两端用瓦片卡住，形式各不相同。二是用砖块砌成长方形的墓坑，坑底用砖铺陈或不铺砖。三是用较特别的陶筒瓦——瓦棺，在瓦棺上，覆盖残碎的瓦片。这些婴幼儿都埋在房屋墙体基础里或是墙脚两侧。有的还随葬了陶罐或"五铢"钱。少量的婴幼儿墓葬还保留有骨骸。在河南洛阳等地曾发现战国时期的瓦片葬具，在河北河间县也发现有西汉时期用瓦片作葬具的婴幼儿墓葬，但数量较少。这些婴幼儿墓葬的发现，对我们了解与研究汉代汉水流域的婴幼儿丧葬习俗很有帮助。

4.B区发现了组合式的大院落。目前只是对其西南一侧作了少量揭示，但整个院落的东北侧似保存应更好些，其上层堆积也更厚。院落发现于地层堆积的第4层下，也就是说，这批建筑遗址最晚的年代大约是三国或是更晚一点，但从目前所发现较早期的建筑遗迹看，大约属于西汉中前期的建筑遗址。

完整的汉代院落遗址，湖北境内不多见。目前所见仅仅是冰山一角，龙门堂遗址中的汉代房屋遗址，可分为多期的建筑过程，目前所发现的共有三期或多于三期的建筑遗迹。在B区BF8之上层，有BF9叠压，在BF9之上层，有BF1叠压，其层位关系明确，在BF8的下层，也还有更早的建筑遗址。我们初步认为大约在BF8时期，另有BF4与BF7与其同时，并排列在BF8前后，它们可能是同时并列的组合建筑遗址(因目前还未最后清理彻底)。这一并列，也仅仅是院落围墙内的某一期建筑遗迹，目前所发掘的面积为1700平方米，只是这一大院落的三分之一，还待后期的发掘与研究才能使院落的面貌得以确定。

5.在B区的发掘中发现了清代的家族墓地。这批数量丰富的清代墓葬，排列有序，虽然在农田的改造中有过不少的破坏性，但所保留下来的仍可见分为前后两排。如今多数墓葬已经被破坏，但少量的还有已朽烂的棺材板或人骨残骸，墓葬多以清代钱币作为随葬品，有的以瓦片为枕头或放在脚边。另外不少墓葬里发现有草木灰。这批清代墓葬，为我们了解当时人类的居住环境提供了资料。

另外，在这一发掘区域里，我们还发现了宋代遗物以及砖室墓葬，表明这里在宋代，亦曾是人们的居住与生活区域。

龙门堂遗址零星发现的东周和新石器时代的文化遗物，其更深的文化内涵也还有待在进一步的发掘中去寻找与发现。

撰稿：邓　辉

郧县上宝盖遗址

◉ 宁夏文物考古研究所

东周M17（西—东）

　　郧县上宝盖遗址位于郧县五峰乡安城沟村二组汉江南岸的阶地上，东西长约300、南北宽约50米，现存面积约15000平方米。遗址中心地理坐标东经110°27′23″，北纬32°50′01″，海拔163～172米。

　　2006年11月中旬至2007年4月中旬，宁夏文物考古研究所对上宝盖遗址进行了发掘。发掘前，我们先进行了大面积的考古钻探工作，勘探面积共计15000平方米。发掘工作主要采取探方法，辅以探沟法，按正南北向共布5米×5米探方81个，2.5米×30米探沟1条，实际发掘面积2108平方米。共发现东周、汉代、明清时期的灰坑171座、墓葬18座，另外还发现有陶窑、水井、房址、散水路面等其他遗迹。出土陶、石、铜、铁、骨、木器等完整和修复的文物标本146件（组）。其中陶器89件（组），瓮（瓦）棺12组，瓷器12件，石器9件，铜器3件，铜钱14枚，铁器1件，木器3件，骨器3件。器形有陶瓮、罐、鸳鸯火锅、鼎、敦、壶、豆、鬲、瓦、网坠及木线梭、铜镞等。

发掘现场

汉M5瓦棺内人骨（东—西）

汉Y2（东—西）

本发掘区的地层堆积由于受坡形地势及后期破坏的影响，厚薄不一，最浅0.5米，最深16.1米，平均深度1.3米（水井除外）。地层堆积总体可分为4层，包括东周、汉代、明清三个时期。第1、2层为近现代层；第3层为明清时期地层，该层又可分为3小层；第4层为汉代地层，此层下见生土。发掘区的东部有东周遗迹无东周地层；发掘区的西部有东周、汉代墓葬及汉代灰坑但无汉代地层；部分探方表土层下即为汉代地层。

东周的遗迹包括灰坑、墓葬两类。

东周灰坑共发现3座，分别编号为H29、H64、H83。形状不规则，坑内填土为浅灰色泛黄，土质较坚硬。包含物主要为夹砂红褐或灰褐细绳纹釜、鬲、盆、罐残片以及少量兽骨。

东周墓葬共清理4座，均为小型竖穴土坑墓，单人葬，仰身直肢葬，头向朝南。除M6未见随葬品外，其他各墓均有随葬品出土。随葬品的组合有二鬲一豆(M11)，二套鼎、敦、壶、豆(M17)及铜镞(M12)等，从随葬品风格来看，应属战国中晚期。其中M6清理后发现死者缺失下肢骨，M12于死者头部及腹部各发现铜镞1枚，两墓主人可能均系非正常死亡，其身份当系平民或刑徒。

战国M11陶器组合(M11:2、M11:1、M11:3)（左→右）

汉代遗迹较为丰富，包括灰坑134座，壕沟2条，瓮(瓦)棺葬14座，陶窑1座，水井1眼。

灰坑分为圆形、椭圆形、长条形以及不规则形坑四类，以前两类居多。长条形坑有大小两种形制，多数坑壁呈直壁或斜直壁，加工规整，坑底较平。坑内遗物包括陶片、瓦片、兽骨、蚌壳、石器、陶网坠等，有些坑内发现有瓮棺葬残迹。

战国陶鬲(H134:2)

瓮(瓦、罐)棺葬完整者共14座，另外在灰坑及地层内发现残瓮棺葬具9处。主要分布于遗址西北部沿江一线，用于埋葬婴儿及小孩。其中瓦棺葬1座，瓦棺与瓮棺并葬1座，其他均为瓮棺葬。瓮棺葬又可分为瓮上扣盆、瓮上扣盖以及瓮上扣瓦三种。埋葬所用陶瓮大小有别，小者形如陶罐；瓮、盆、罐、盖均为日用器物；盖形如斗笠，做瓮棺的盖时顶部多凿一孔洞，可能为宗教活动的产物。

战国陶豆(T0607③:1)

水井1眼(J1)，平面圆形，口径0.9米，深16.1米。井壁上部用菱形条纹砖平箍，下部用弧形榫头砖侧立围箍。底部发现有朽烂木板，可能用来澄滤井水。原水面痕迹距地表13.85米。井内上部出土大量石块、瓦片等物，下部出土较多的绳纹夹砂灰陶双耳罐残片，可能为当时汲水用具。井底部还出土木线梭、桃核等物。

陶窑1座(Y2)，平面略呈马蹄形，南北向，由操作坑、火门、火膛、窑床、窑室及烟道几部分组成，保存较差。窑室及操作坑内出土大量汉代绳纹瓦片、陶片、红烧土块以及石块等物，另出土绳纹陶拍及月牙状陶支垫等制陶工具。

汉代瓦当

左：T0501③:1　右：T0404②:1

汉代陶鸳鸯火锅(H102:4)

(摄影：余乐)

汉代陶双耳罐(H102:3)

汉代陶瓮棺(M10:1)

(摄影：余乐)

明清时期的遗迹主要包括灰坑、陶窑、房址、散水路面等。出土遗物主要为青花瓷片、明清铜钱等物，部分青花瓷片圈足底部有款，器形主要为碗、盘、盅、盏、缸等日用器皿。

本次发掘的主要收获是：发现了东周、汉代、明清三个时期的一批重要遗迹、遗物，基本搞清了该遗址的文化内涵。考古钻探发现遗址的东部和中南部堆积大量的瓦片，应有居住等遗迹。该遗址为一处经历三个历史时期的小型聚落遗址，对研究汉江上游地区东周、汉代的聚落形态及考古学文化提供了较为重要的资料。

撰稿：朱存世

1

2

3

4

汉代陶瓮棺(摄影：余乐)

1.M8:1　2.T0227③:1　3.M2:1　4.H94:3

郧县前房遗址

◉ 山东大学东方考古研究中心

 前房遗址位于郧县青曲镇王家山村（原为后房村一组和二组），在汉江北岸的二级台地上，较之周围地区，这里的地势相对平缓。前房遗址系1958年长江流域规划办公室考古队调查时发现。1982、1990年，原郧阳地区博物馆和郧县博物馆先后两次复查，1994年，湖北省文物考古研究所、郧县博物馆进行专项调查。2004年，南水北调中线工程丹江口水库淹没区文物保护规划组又一次复查该遗址。

 前房遗址位于王家山一组的村舍之间，东西长约200、南北宽约100米，面积约2万平方米，海拔163.7～172.6米。近年来有人在前房遗址东部开矿淘金，将遗址的一大部分挖掉。

 2006年冬，受湖北省文物局的委托，山东大学东方考古研究中心承担了前房遗址的保护发掘任务。经调查和勘探，在遗址的外围发现两处早期墓地。同时，在前房遗址周围濒临汉江一带，又调查发现了不同时期的崖墓群8处。山东大学考古队对前房遗址、墓地及附近的3处崖墓群进行了为期两个月的发掘工作，揭露面积2700平方米。

 前房遗址发现的主要遗迹有房屋基址、窖穴、灰坑、沟和红烧土堆积等。从遗物分析，

遗址外景

A区M3

陶壶（A区M3：6）

瓷碗（A区M2：3）

B区M13

B区M12

后房口崖墓群

后房口M4

后房口M11

唐代剪刀（后房口M4:6）

唐代铜镜（后房口M4:2）

唐代铜熨斗（后房口M4:1）
（摄影：余乐）

唐代瓷砚（后房口M11:2）

唐代瓷壶（后房口M8:1）

唐代瓷壶（后房口M2:1）

唐代瓷壶（后房口M11:1）

发掘区的堆积时代较晚，主要为明清时期，但存在个别宋元时期的陶、瓷片，但没有发现同时期的文化层。

前房墓地分为A、B两区。A区在遗址的上方，距离遗址北部边缘不足50米。B区在前房自然村的西北，隔吴家沟和易家沟与遗址相望，相互之间的距离约为300米。两处墓地均有一定面积，因为历年取土和掘墓砖建房等人为活动，绝大多数墓葬遭受到不同程度的破坏。A、B两区各发掘3座墓葬，均为砖室墓。

A区的墓葬均为在长方形竖穴内垒砌砖室。墓葬均受到严重破坏，墓葬的砖室尚残存底

流湾崖墓群

流湾崖墓群局部

部，有的保存有人骨架。随葬品有陶盘口壶、假圈足碗、瓷碗和"五铢钱"、"开元通宝"、"熙宁元宝"等。由此可知，A区墓地的时代约为隋唐至宋代。

B区墓葬平面呈"凸"字形，前端有近长方形的斜坡墓道。墓室的边框为长方形，中部用砖垒砌出近似椭圆形的砖室，穹隆顶。从墓葬形制和出土"崇宁重宝"铜钱可知，B区墓地为北宋末甚至进入南宋时期，时代晚于A区墓葬。

本次发掘的另外一个重要收获是调查发现并清理了部分沿江崖墓群。经在前房遗址附近的沿汉江两岸调查，共发现崖墓群8处，其中7处位于前房遗址所在一侧，一处在对岸。崖墓的海拔高度相差较大，最低的150余米，而最高者可达200米。我们对前房遗址附近海拔较低（在丹江口水库淹没范围内）的3处崖墓群进行了发掘清理。分别是后房口崖墓群、流湾崖墓群、猴子头崖墓群。3处崖墓群的共同特点是，均面向汉江依山而建，在山体偏下的峭壁上掏洞而成，多数受到不同程度的破坏。

后房口崖墓群，位于前房遗址东北，共发现清理14座崖墓。全部崖墓分为上下两排，高差2～3米。上排9座，下排5座，大体平行分布。全部墓葬的墓口均破坏不存。墓室较为狭

流湾M4

小，长度一般在2米左右，宽度不足1米。部分墓葬用砖铺地，墓口处也用砖垒砌封堵。约三分之一的墓葬保存有部分人骨和随葬品。出土遗物有青瓷盘口壶和铜镜、铜熨斗、铁剪及各种装饰品、铜钱等。铜钱均为"开元通宝"。

流湾崖墓群，位于前房遗址东北，由两个小墓群组成，相距120米。共发现和清理崖墓14座。东侧墓群12座，分为上下4排。西侧墓群2座，已被淤积于现在地面以下。流湾崖墓群的墓葬保存相对较好，多数有比较完整的墓口。墓口在经过平整雕凿的岩壁上凿出，呈拱形，其上有象征屋檐的三角形装饰，个别墓葬的墓口两侧和上方还雕凿出花纹。墓室长度一般为2米左右，宽度不超过1米，有纵向和横向之分，以前者居多。保存完整者，在墓口之前还凿有方形平台。多数墓葬没有发现人骨和随葬品。随葬品仅发现少量"开元通宝"铜钱和装饰品。

猴子头崖墓群，位于后房口崖墓群和流湾崖墓群之间，共发现4座崖墓。墓室的形制与后房口崖墓相似。个别墓葬发现有人骨，随葬品仅发现少量"开元通宝"铜钱和装饰品。

以上3处崖墓群，相距不远，均在汉江的同一侧岸边，海拔约160～170米。崖墓的形制比较接近，随葬品中不仅有时代特点鲜明的青瓷盘口壶，而且相当数量的墓葬出有"开元通宝"铜钱。所以，这批崖墓的时代应为唐代前期。

前房一带的古代遗存比较丰富。前房遗址本身虽然没有发现唐宋时期的堆积，但从遗址出有这一时期的遗物看，这一带当存在着唐宋时期的聚落，只是由于后来汉江河水的冲刷破坏而没有保存下来。遗址附近的普通砖室墓葬和崖墓，时代主要属于隋唐和宋代。特别是同一地区同时存在着两种差别较大的墓葬，为我们了解当时的人文环境、社会风俗和精神文化提供了十分重要的资料。

撰稿：栾丰实

郧县小西关遗址

◎ 中国社会科学院考古研究所

　　小西关遗址位于郧县城关镇朝阳村老城天主巷，地理坐标为东经110°48′50″，北纬32°48′43″。遗址的南面是民居，西南是天主教堂。据过去的调查资料，遗址面积约24000平方米，包含有新石器、周、汉时期遗存。

　　在过去调查的基础上，我们首先进行了大规模的钻探调查，计钻探面积达14000平方米。通过调查、钻探，我们了解到，郧县城关处于汉江沿岸诸盆地中一个较大的盆地内。小西关遗址位于郧县城关镇南汉江北岸边的嘴子上，汉江绕嘴子而过，遗址东、南、西三面环水。遗址曾经是郧县老县城西门所在，较为繁华，有道路和大量旧民居存在，对遗址叠压、破坏严重，为工作的开展制造了很大的障碍。遗址的地形呈两山夹一沟形，在遗址北侧和南侧各有一台地，遗址中部较为低洼。经钻探调查发现，遗存主要分布在两侧的台地上，中部低洼地带有大量近现代砖瓦、石灰堆积，未发现文化层，主要古文化遗存发现于两侧较高的台地上。

遗址外景（东北—西南）

北区东周时期夯土台基全貌

　　为工作方便，我们将南北两侧的台地分别划分为北区和南区进行发掘。北区共开挖探方37个，探沟12条，另对部分探方进行了扩方发掘，发掘面积计1132.4平方米。发现大型夯土台基一座，其北部和东西两侧均被晚期取土破坏，东西残长约101、残宽3.2～21米。拐弯东段部分南北残长86.5、东西残宽2.7～9米。周围伴出有大量东周瓦片等建筑遗存，包括板瓦、筒瓦、瓦当等。在台基边缘的个别探方内发现了板瓦、筒瓦扣合摆放的遗迹。从夯土台基的上、下层位关系和伴出的陶片来看，时代约为东周时期。通过解剖沟，对夯土结构有了明确的了解。另外，在北区还发掘宋代砖墓一座，出土瓷器、

周代铜害（ST27③：1）

铜钱等器物。

在北区的内侧低台地部分均为近现代建筑遗址，对早期遗存造成很严重破坏。

南区共发掘探方38个，探沟1条，发掘面积980平方米。主要遗存为东周时期的地层堆积、建筑毁坏物堆积层和汉唐、近代地层堆积。其中，东周地层包含有较多陶片，建筑毁坏物堆积层则出土大量瓦片，汉唐、近代地层堆积内多

东周瓦堆积遗存NH1（南—北）

东周筒瓦（NH1:6）

东周板瓦（NH1:3）

东周瓦当（NH1:24）

出砖瓦、瓷片。

南北两区共计发掘面积2112.4平方米，出土陶片近400袋。经过初步整理，修复的陶器主要是瓦30件，瓷器（主要出土于宋墓）4件，青铜器（包括引人注目的周代青铜车器、唐代鎏金青铜仕女头像以及宋代铜钱）12件，铁矛1件。

在发掘过程中，我们还利用全站仪对遗址地

唐代鎏金青铜仕女头像（ST22③:6）

1

2

形、地貌和主要遗存进行了详细测量和绘图。

　　青铜车器、大量瓦和大型建筑基址的存在表明这里是一处东周时期的高等级贵族居址，而不是一般的平民聚落。

　　通过本次发掘，抢救了地下文物。结合周围东周贵族墓葬遗存的分析，我们可以推测，郧县城关一带在东周时期就有较高等级的贵族家族居住，已是一处较发达的地区，在汉江流域占有重要地位。

　　郧县城关所在的盆地新石器时代遗址有著名的青龙泉遗址，唐代有李泰家族墓地，再后来的郧阳城修建于此。小西关高等级居址的发现在这一历史链条上又增添了重要的一环。从这一角度来看，本次的考古发现不仅对我们认识郧县地区的开发史有重要价值，而且对我们认识历史上郧县盆地在汉江流域的战略地位和历史作用也有重要意义。

撰稿：徐良高

3

4

宋代NM1出土瓷碗
1.NM1:2　2.NM1:3　3.NM1:7　4.NM1:4

郧县李泰家族墓群

◉ 湖北省文物考古研究所

　　李泰家族墓群位于郧县城关镇菜园村一组。地处郧县城东1公里处的棒槌河西岸，南临汉江，北依土岗，坐落在西北－东南走向的岗地上。整个岗地南北长约750、东西宽约600米，中心地理坐标为东经110°49′11″，北纬32°50′10″，海拔157～167米。此墓群于1958年长江流域规划办公室考古队调查时发现，1973年以来先后四次对该墓地进行了抢救性发掘，共发现唐墓4座、东汉墓2座，其中尤以1975年3月唐太宗嫡次子濮王李泰墓的发掘而闻名。该墓地1999年被列为湖北省文物保护单位。2006年11月开始至 2007年2月对该墓地进行了抢救性考古勘探和发掘。

　　(1)考古勘探工作

　　首先利用全站仪测绘0.63平方公里的地形地貌图一幅，并采用象限法，利用全站仪布50米×50米勘探方63个。此次勘探工作共勘探50米×50米的勘探方27个，总面积67500平方米。

　　探出二处较为集中的墓葬区，墓葬39座。其中砖室墓12座，三合土墓3座，土坑竖穴墓24座。最大的一座砖室墓长13米。墓葬时代从汉代到明清时期均有。

　　勘探还发现了李泰墓围墙。李泰墓在20世纪70年代发掘时，因受条件的限制只是对墓葬进行了清理发掘。此次考古勘探发现了李泰墓的东南围墙。其东围墙北自IIKT0102斜穿

墓群外景〔摄影：余乐〕

发掘现场（摄影：余乐）

IIKT0101、IIIKT0101、IVKT0101、IVKT0102，在IVKT0102西北角处作90°拐角向西延伸横贯IIIKT0202（IIIKT0102因地势低洼疑是因遭人为破坏而没有发现）。目前发现的东围墙全长约120米，方向160°，与已发掘的李泰墓方向170°顺向。南围墙全长约55米，方向76°。围墙宽约1.1～2.4米。

(2)考古发掘工作

考古发掘从2007年元月开始，2月结束。此次发掘的2座墓葬（M1、M2）是在墓地西南部10米×10米IVKT0428、IVKT0429内。M1为该墓地目前勘探发现最大的一座砖室墓。墓室呈"中"字形，由墓道、甬道、前室和后室组成。全长15.6米，方向140°。该墓是在土圹内筑砖室。由于早年被盗，随葬器物仅前室残存铜饰一件。据墓葬形制和墓砖情况确认M1时代为东汉晚期。M2为土坑竖穴墓，带半圆形小龛，长2.8、宽0.64～0.8米，

东汉晚期铜簪（残）（M1:1）

东汉晚期M1全景

东汉晚期菱形墓砖（M1）

东汉晚期M1前室墓底

清早期瓷罐（M2:1）

顺治通宝、康熙通宝（M2:2）

方向285°，出土一陶罐和6枚顺治通宝、康熙通宝。时代为清初。

目前，考古勘探还在进行中。郧县李泰家族墓群已发掘四座唐墓，由墓志铭文确定墓主分别为第一代濮王李泰及妻阎婉、长子嗣濮王李欣、次子李徽，是一处以唐太宗嫡次子李泰为主的李唐王室家族墓地，这是迄今为止唯一一处长安京畿之外的唐皇室家族墓地。一个家族墓地的根本价值在于对它的全面揭露和综合考察，由于此墓群位于郧县城关，整个墓群被大棚蔬菜和烟厂厂房所覆盖，因此全面揭露此墓地有待时日。

撰稿：田桂萍

张湾区

　　张湾区扼川渝、连豫陕，位于武当山北麓、十堰市西部，辖域占据十堰市大部分城区，全区国土面积651.56平方公里。

　　根据南水北调工程文物保护总规划，张湾区涉及文物点11处，其中地下文物点10处，涉及普探面积0.5万平方米，发掘面积0.74万平方米；地面文物点1处，涉及建筑面积729平方米。

张湾区方滩遗址

◎ 吉林省文物考古研究所

　　方滩遗址位于十堰市张湾区方滩乡方滩村，遗址东南距十堰市区约50公里，西距十堰市黄龙镇约15公里。地理坐标为东经110°36′33″，北纬32°44′33″，海拔163～172米。遗址位于汉江最大的支流——堵河南岸的二级台地之上，北距堵河约120米，南距乡级公路——黄方公路约70米。遗址东至月亮湖山庄，西侧、西北侧为现代民居。遗址西侧的堵河南岸距遗址约8公里处为沉滩河遗址，约15公里处为大东湾遗址。遗址西侧的堵河北岸距遗址约3公里处为徐家湾遗址。

　　遗址平面略呈东西长、南北窄的长方形，从现今地表观察，遗址可分为东、中、西三个台地。东西两侧台地地势较高，中部台地地势较低，低于东西两侧台地约0.5～1.2米。三个台地均地势平坦，视野开阔，现今地表均辟为麦田。

　　2006年11月14日～2007年1月16日，吉林省文物考古研究所湖北工作队对该遗址进行了抢救性发掘，发掘面积1202平方米，发掘清理出商和东周时期的考古遗存。

遗址全景（北—南）

商代H13（东北-西南）

本遗址地层堆积呈中南部厚，向周边渐薄的堆积特点，可分8层，其中第1层为耕土，第2、3、4层为明清时期堆积层，第5层为宋金时期堆积层。第2~5层共同的特点是：出土遗物仍以东周时期陶片为主，掺杂零星晚期遗物。第6~8层为东周时期文化堆积层。其中第6层分布于遗址中南部的十几个探方，出土遗物较为丰富；第7、8层仅分布于遗址中部几个较深的探方，出土遗物较少。

（1）商代遗存

遗址内未见商代文化层，仅见1个商代灰坑（H13），灰坑开口于第6层下。其余商代遗物多混杂于东周地层之中，少量发现于第3、4、5层。

商代陶鬲（T0504⑥：1）

商代遗物仅见陶器，数量较少，多为残片。

陶质中夹砂陶占绝大多数，约占总数的86%强；泥质陶很少，不足陶片总数的14%。夹砂陶多在陶胎中掺杂数量不等的云母粉，以红陶或红褐陶为主，占夹砂陶总数的56.7%；次为黑陶，约占夹砂陶总数的28.5%；再次为灰陶；黄褐陶仅见1件陶鬲。泥质陶以灰陶和黄陶居多，分别占泥质陶总数的42.2%和35.6%，泥质红陶和黑陶极少。

商代陶鬲（T0207⑥：2）

陶片多饰绳纹，素面者多为鬲足。绳纹多细密、规整，制作精细，仅有少部分绳纹粗疏，制作粗糙。除绳纹外还可见凹弦纹和附加堆纹，凹弦纹饰于鬲的颈部及罐的颈、肩部；附加堆纹仅见于陶鬲的颈部，较宽，上面连续压印带绳纹的凹窝。

可辨器形中鬲的数量最多，陶鬲均为分裆鬲，敞口，仰折沿，圆唇或尖唇，少量为方唇，分裆多较高。陶色以红陶为主，多夹细砂，绳纹细密精细，个别绳纹粗疏，制作粗糙。鬲足出土数量较多，近100件，多为夹砂红褐陶，个别为夹砂

商代陶鬲（H13：2）

战国石锄(G1:1)

战国石铲(T0204⑥:1)

战国石凿(T0507④:1)

灰陶，均为尖锥状足根，多素面，个别饰绳纹，形体较为粗壮，大小不一。

另外还可见罐、缸、盆、甗等。

(2)东周时期遗存

数量较多，是遗址的主要文化面貌。遗迹共发现17个，其中灰坑12个、沟3条、窑址2座。遗迹多开口于第5层下，打破第6层或生土；仅两座窑址开口于第7层下，打破生土。

出土遗物以日用陶器残片为主，残碎严重，仅复原两件陶豆。陶器多夹粗砂，陶色以红褐陶为主，火候较低。可辨器形炊器以鬲为主，陶鬲具有典型的楚式鬲特征，盛器以豆为主，其他可辨器形包括盆、盂、罐、瓮、甗等。

除日用陶器外还出土少量陶质工具，包括纺轮和网坠；石器包括斧、凿、锛、铲等；铜器包括小刀、钗、耳环等。

通过本次发掘，我们对遗址有以下几点认识：

(1)遗址的原始地貌呈中南部低，周边渐高的地势特点。这一地势特点也使遗址的地层堆积多为再生堆积。

(2)遗址的年代上限可推至商代，未见更早的遗存。遗址的商代和东周遗存之间存在年代上的缺环。商代和东周遗存之间是否存在人类活动，从目前发掘所获得的考古学资料尚无法证实。

(3)遗址自汉代以后直至现代，人类活动较为连贯，从零星可见的各时期遗物中可见一斑，但不见各时期遗迹。遗物出土数量极少，形体残碎严重，多出土于再生堆积。这可能是东周以后人类主要活动区已偏离遗址现存范围的缘故。

(4)遗址内出土的商代陶片以红陶为主，这一特点不同于中原地区以灰陶系为主的特点，而与黄陂盘龙城相似。战国地层中出土的商代陶鬲T0504⑥:1与盘龙城六期出土的陶鬲PYWT23④:2极为相似。据此推测遗址商代遗存的年代上限可能早至二里岗上层二期偏早阶段。

(5)遗址的商代陶片虽然数量较少，但从易保存的鬲足来看，遗址共出土近100件。据此可见在商代，方滩遗址周围活动的人数还是具备一定的规模的。

(6)遗址出土的东周时期陶鬲，具有明显楚式鬲的特征。

撰稿：王志刚

张湾区大东湾遗址

◎ 西北大学文博学院

　　大东湾遗址位于十堰市张湾区黄龙镇大东湾村，遗址北面有自东向西流过的犟河（往西约1公里汇入汉水最大支流堵河），南面为巍峨起伏的谷子山。遗址处于山前和河流南岸的台地上，南高北低，襄渝铁路从南边穿过。2006年10～12月，西北大学考古队对该遗址进行了考古发掘。

　　本次考古发掘主要发现西周、清代两个时期的遗存，遗迹、遗物较为丰富。

　　西周时期遗迹以一组布局清楚的院落为代表。院落由前排房、庭院、上房、半圆形后围墙等几部分组成，坐西朝东。受铁路路基等客观条件的限制，我们仅发掘了该院落的大部分面积，计300多平方米。排房目前发现4间房屋，每间面阔3.3～3.4、进深2.55米。在排房中间部位的东墙外侧，有两个用河卵石筑起的门檐柱础。排房中央两间房内各有一烧烤坑，坑平面呈椭圆形，占据房屋内大部分面积，应是排房使用者的集体活动场所，其两边的房屋当

发掘现场

西周院落遗址（东—西）

为寝宿之用。穿过排房有一小庭院，其后有一长方形地面式建筑，面积约40平方米。最后为一弧形的后围墙。依围墙走向，推测该排房应有6间，院落面积在400平方米以上。

在院落内发现陶窑1座，烧烤坑6座。陶窑为竖穴式，受后世破坏仅保留了火膛及窑室的底部。烧烤坑平面形状除椭圆形外，还有不规则形，深度一般为0.3～0.55米，坑内堆积有河卵石及大量灰烬，当是烧烤食物之处。

西周时期遗物有陶器、石器及铜器等。陶器的器形主要是鬲类，还有豆、杯、纺轮等，陶质以夹砂红陶为主。石器有斧、锛、铲、锤、凿、刀、镞、刮削器。铜器有凿等。

清代遗迹有房址、水渠、灰坑、烧烤坑等。水渠紧依房址旁穿过，大约与居民生活用水有关。

房址有多座，以F3的半地穴式房屋富有特色。该房址平面为椭圆形，底部距地表深1.5米，面积约70平方米。墙壁以石头垒砌，地面平坦，经过烘烤处理。在建筑的北面，有用较平的石块和石板铺成的台阶，供上下进出，当是门之所在，背山面河。基址内发现陶高柄灯、壶、双耳罐及瓷碗等，有些器物出土时置于墙壁砌石之上，应是生活用具。

西周院落遗址出土的陶鬲足
1.T1002⑤：5 2.H40：7 3.H40：8 4.T1001⑤：4
5.H41：3 6.T2001⑤：2

西周石斧（T1003⑤：1）　　西周陶鬲（H40：4）

清代F3(西南－东北)

清代瓷碗(T07K1:3)

其余几座房址皆为平面呈长方形的地面式建筑。房址及其周围堆积大量砖、瓦等建筑材料。还发掘出一清代瓷器窖藏(T07K1)。钻探发现该区域内尚有更多数量的房址等遗迹,知这里是一处清代村落遗址。

清代遗物以陶、瓷器数量较多,有陶罐、盆、碗及瓷碗、碟、壶等,其中T07K1出土的10余件瓷器,大部分保存完好,皆为青花瓷,两件瓷碗底部有"大清年制"字样。此外,还有铜耳勺、铜簪以及铁锥、砺石等。

本次发掘中,西周时期遗存的发现具有重要的学术价值。

据院落遗迹内出土陶鬲等器物特点推断,其年代当在西周中期。这里的鬲类器物中,含有尖足鬲特点的周式鬲和地方因素的扁足鬲两类鬲,使我们意识到其可能与早期楚文化有某种联系。学术界一般认为,楚文化是周文化与楚地土著文化相融合而形成,大东湾遗址中周式鬲与地方因素特点的鬲共存,遗址基本处于古楚域范围,且年代较早,这种现象是值得注意的。

大东湾遗址常见的地方因素夹砂红陶扁足鬲,与典型楚式鬲的风格存在一定差别,或因其年代偏早甚或与地域性特点有关。目前我们还不能指出此类遗存就是早期楚文化,但至少可认为它是与早期楚文化有密切关系的遗存。

大东湾西周时期遗存的发现,使我们把探索楚文化的视线扩大到十堰西南部的堵河流域。据悉,近年陕西省考古研究所在商南县过风楼遗址发掘中,与大东湾遗存有类似的发现,如有排房形式的建筑基址,常见扁足鬲、甗类器物,年代亦大致为西周中期,二者显然有较密切的联系。此类遗存于丹江上游至丹江口及邻近地区可望有更多的发现,该区域是探索早期楚文化应关注的重要地区。

大东湾遗存中高足杯等陶器的存在,似乎与汉水上游青铜时代文化有某些联系,这是值得重视的信息。

另外,本遗址清代村落及窖藏瓷器的发现,对研究大东湾人清代的情况有一定的借鉴作用。

撰稿:赵丛苍　王志友

张湾区沉滩河遗址

◉ 中国社会科学院考古研究所

　　沉滩河遗址位于十堰市张湾区方滩乡沉滩河村，中心地理坐标为东经110°35′05″，北纬32°42′07″。遗址地处张湾区的北部，东南距十堰市区约10公里，紧邻汉江支流堵河的东岸和南岸，北距汉江约10公里。其东北约3公里为方滩遗址，西北约1.5公里为徐家湾遗址，西南约5.5公里为大东湾遗址。遗址地貌为河谷山地，植被以针叶林和灌木为主，耕地较少，农作物多为小麦、蔬菜和柑橘。

　　本遗址于1994年由长江水利委员会考古队调查时发现。2004年2月，因该遗址处于南水北调中线工程丹江口水库淹没区，湖北省文物保护规划组又对遗址进行了复查。2006年秋季，我们对本遗址进行考古勘探和发掘。该项目计划钻探面积1000平方米，发掘面积1200平方米。我们的发掘时间为2006年11月9日～12月27日，历时49天，发掘5米×5米探方48个，2米×8米和4米×6米探沟2条，扩方三处：4米×3米、4米×2米、4米×8米，实际发掘面积1292平方米。另完成钻探面积4500平方米。

　　遗址现存面积约1万平方米，多数地方遭到人为或自然的破坏，原始文化层所剩不多。

遗址外景

发现的文化遗存可分东周、汉代、唐宋和明清四个时期，以明清时期文化遗存最为丰富。

本遗址共发现遗迹6个，出土陶、瓷片共计180多袋，陶、瓷、石、铜、铁、铅等质地的小件器物149件。

6个遗迹中明清时期的遗迹5个，包括1座砖瓦窑（Y1）、1座陶窑（Y2）、2座房基（F1、F2）和1座墓葬（M1）。唐宋时期遗迹仅有墓葬1座（M2）。Y1略呈扇形，有火门、火膛、窑室和三个烟道，因为窑室内残留较多的砖坯和瓦块，故推测其为烧制砖、瓦的窑。Y2为长条形，一端可见用圆铁棍做成的窑箅，长条形窑室内残留大量陶片和炭灰，故推测其为烧制陶器的窑。F1、F2皆用石块和砖块垒砌而成，屋内遗留有上圆下方的柱础石及少量陶、瓷器，其时代可能属清代晚期。M1为土坑竖穴墓，未见人骨和葬具，仅见墓底中部有2枚"康熙通宝"，一端有1件铁器盖。M2为砖室墓，仅残存一半，另一半被修公路时破坏。M2内出土6枚棺钉，棺钉形制特殊，以铜钱为钉帽，铁钉较短，其中1枚钉帽为"开元通宝"，另有1枚仅可辨一"元"字，其余锈蚀难辨，推测此墓为唐宋时期的墓葬。

出土遗物有陶器、釉陶、瓷器、石器、铜器、铁器、铅器。遗物时代可分东周、汉、唐宋和明清四个阶段。

一区一期发掘现场（东南—西北）

二区坑位远景（西北—东南）

四区发掘现场

五区西部唐宋M2（东-西）

东周时期遗物只有陶器和石器，陶器以夹砂褐陶为主，泥质灰、黑陶其次，也有一些黑皮陶。纹饰多见绳纹，弦纹其次，也有方格纹，素面磨光陶占一定比例。器形主要有鬲、盆、罐、豆、鼎等。石器有打制和磨制之分，打制石器有斧、刀、砍砸器和刮削器；磨制石器绝大多数为石斧，也见刀、锛、镞、锥形器等。

汉代遗物很少，有"五铢"和"大泉五十"铜钱。

唐宋时期遗物略多，有陶瓷器、釉陶和铜器。陶器以泥质灰陶为主，也有极少的泥质红陶，器类有瓮、罐、盆、灯、布纹板瓦等，其中一件瓮的肩部戳印有阳文"镇江"二字。瓷器主要为青瓷，器类有盏（其中一种为酱釉兔毫盏）、瓶、盘口壶、灯等。釉陶主要施黑釉，器类多见罐。铜器有铜钱、铜簪和铜盆口沿残片三种，铜钱有"开元通宝"、"□元圣宝"、"祥符元宝"、"皇宋通宝"、"景德元宝"等。铜簪弯首。铜盆薄胎，卷沿，斜腹。

明清时期遗物数量最多，有陶器、釉陶、瓷器和铜、铁、铅质地的小件器物。陶器较少，多为泥质红陶、灰陶，器形有罐、盆、壶、灯、纺轮、网坠等。釉陶多施绿釉和酱釉，器形有罐、盆、缸、擂钵等。瓷器可分青花瓷、白瓷、青瓷、蓝釉瓷、酱釉瓷等，器形有碗、盘、杯、勺等。青花瓷的花纹以枝叶、草木为主，其中多为缠枝、葵花、芭蕉等，也有人物、人物骑马及马、龙、鸟等动物纹样，另有少量变体梵文和山水题材花纹，还有一些题字，如"梧桐"、"此石可比太湖"、

"昌江宝石"、"福"、"正"等。铜器有钱、簪、钉、烟嘴、牌坠饰等。铁器有勺子、盖子。铅器仅见一件方柱形坠饰。

本次发掘资料表明沉滩河遗址一带从东周时期开始就有人类在此生活，历经汉代、唐宋时期，到明清时期人烟最为繁盛。

东周时期出土的陶片数量较少，但石器所占比例相对较大，河流冲刷造成本期遗物大量流失是极有可能的，参照本遗址东北约3公里的方滩遗址和西南约5.5公里的大东湾遗址皆出土大量东周时期的遗物，推测本遗址的东周遗存实际比现在丰富。本遗址东周遗物的特征与十堰市境内同时期遗址大致相同，为数不少的打制石

五区东部明清时期Y2清理后情况（西北-东南）

东周磨制石斧(T406⑤:1)　　东周磨制石斧(T505④:4)

顺治通宝(T121⑧:1)　　康熙通宝(M1:1)
开元通宝(T506⑦:2)　　祥符元宝(T506⑧)

明清铜勺柄(T506⑧)

器与磨制石器并存的现象说明了当时的社会生产力较为落后。极少的汉代文化遗物难以说明问题，较为丰富的唐宋文化遗存表明本遗址在该时期经历了一个发展阶段，发展的动力之一便是外来因素的影响。如带有"镇江"戳记的陶瓮说明江苏一带与本地的紧密联系，酱釉兔毫盏应是宋代江西吉州窑的标型器，出现在该遗址说明江西一带的文化因素已经融进了本地的血脉。丰富的明清文化遗存说明本遗址在前期的基础上进一步发展，发展的动力之一也是大量的外来文化因素的影响。本遗址南距素有"小汉口"之称

明清陶壶(T501③:1)

明清印章石料(T502③:1)

明清青花瓷盘(T508④:5)

明清酱釉青花瓷小碗(F1:2)

明清青瓷碗(T504④:1)

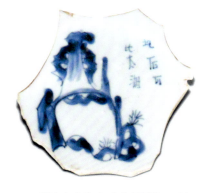

明清青花瓷盘残片(T505③:3)

明清青花瓷碗(T505③:2)

的黄龙古镇仅四五公里，黄龙古镇尚存有清代的"江西会馆"、"山陕会馆"、"武昌会馆"和"黄州会馆"等古代民间机构，这些民间机构说明黄龙古镇在清代存在大量外地移民。遗址青花瓷盘上的"此石可比太湖"、"昌江宝石"题字都是外来思想的一种反映，大量青花瓷削足的作风也与江西景德镇窑十分相似。作为黄龙古镇附近的一个村落，本遗址从一个侧面反映出当时黄龙古镇一带外来人口人烟荟萃的情形，出土唐宋至明清时期的晚期文化遗存对研究以黄龙古镇为中心地带的发展史具有重要意义。

撰稿：黄卫东

武当山旅游经济特区

武当山镇　青微铺
丁家营镇
长房岭
遇真宫遗址
世界文化遗产
高口泰山庙及戏楼
省级文物保护单位

　　武当山属大巴山东段，背倚神农架原始森林，面临丹江口水库（南水北调中线工程取水源头），是联合国公布的世界文化遗产地，为道教名山和武当山拳发源地。

　　根据南水北调工程文物保护总规划，武当山旅游经济特区共涉及文物点4处，其中地下文物点1处，涉及普探面积0.3万平方米，发掘面积0.45万平方米；地面文物点3处，涉及建筑面积1289平方米。

武当山遇真宫西宫遗址

◉ 湖北省文物考古研究所

　　遇真宫位于十堰市武当山遇真宫村，坐南朝北，背倚凤凰山，面对水磨河，左为望仙台，右为黑龙洞，山水环绕如护城，故有"黄土城"之称。海拔160米。遇真宫主体由中宫、西宫和东宫构成，平面呈曲尺形，宫墙周长697米，占地面积24000平方米。现存宫门、宫墙、龙虎殿、真仙殿残迹、配殿、廊庑、斋堂、耳房、金水桥等地面建筑，多属中轴线祭祀区(中宫)的主体建筑。

　　作为世界文化遗产武当山古建筑群的重要组成部分，遇真宫具有极其重要的科学、历史和艺术价值。由于遇真宫之东宫和西宫的地面建筑已毁，而文献记载又语焉不详，根据国家文物局的要求，必须对遇真宫进行科学的考古勘探、发掘，目的是尽可能明确其范围、布局、建筑特点与内容，为遇真宫文物保护工作方案的决策提供科学依据，使因丹江口水库大坝的加高而对遇真宫保护造成的影响降至最低。

遗址全景(摄影：余乐)

遇真宫西宫遗址平面图

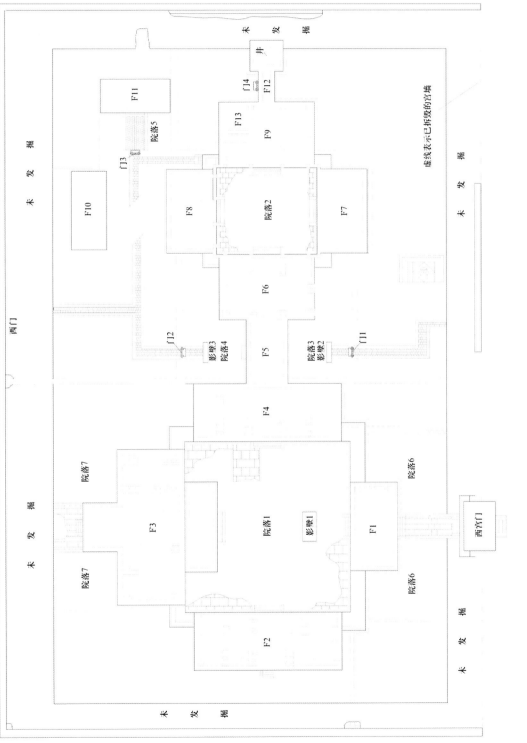

图 例：

现存宫墙
晚期院墙
台　明
踏　步
砖　地
排水沟
壁　影
磉　礅
柱　础
地墁石
水　井

虚线表示已拆毁的宫墙

遗址全景（南→北）（摄影：余乐）

宫内主要甬路（西—东）

2005年12月～2006年8月，湖北省文物考古研究所采取整体揭露、重点解剖及重点勘探相结合的方式主要对遇真宫西宫进行整体揭露，发掘区域南北长约126、东西宽约76米，发掘面积达9500余平方米，比较完整地揭示出西宫的建筑遗迹，出土了一批珍贵文物，基本明确了西宫建筑的布局、特点与内容。另外，对遇真宫南宫墙外侧50米的区域进行部分勘探和重点解剖，大体明确了道路的走向及排水沟的结构。

发掘表明，西宫原建筑遗迹界面之上有三层堆积，南浅北深，厚约0.3～2.1米。其中，第3层为灰色黏土，土质较疏松，夹杂较多石块、瓦当、青花瓷片等，多分布在原建筑遗迹的外围，可能系原建筑废弃后形成的堆积。

西宫内发现的原建筑遗迹有房址14座、影壁3个、水井1处、灶1处，道路、排水沟、院落若干。出土包括铜器、石器、陶器、铁器在内的110多件珍贵文物，既有生活上用的钱币(铜)、茶具(瓷)、砚台(石)等，也有宗教用的如铜鎏金真武大帝、铜灵官像、陶神像等，还有大量的建筑构件。时代从明代延续到清代。

青石排水渠（东—西）

影壁2全景（东－西）

影壁2上的束腰东面"千字一、千字二、千三"文字

青花瓷碗(F7房屋排水沟填土内)(摄影：余乐)

青花瓷碗内底(T7房屋排水沟填土内)(摄影：余乐)

狮形小兽(T11③:1)(摄影：余乐)

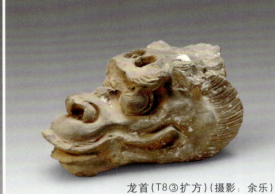

龙首(T8③扩方)(摄影：余乐)

铜灵官像特写(T4③:2)(摄影：余乐)

龙形正脊吻(T4③:12)(摄影：余乐)

龙形正脊吻特写(T4③:12)(摄影：余乐)

铜灵官像(T4③:2)
(摄影：余乐)

铜文财神赵元帅(正)(T4③:4)
(摄影：余乐)

铜文财神赵元帅(背)
(T4③:4)(摄影：余乐)

根据层位关系和遗迹、遗物的特征分析，遇真宫西宫的建筑遗迹大体上可分为早、晚两期。早期建筑遗迹以石质构件为特征，建筑规范大气，布局有序。晚期建筑遗迹以砖质构件为特征，建筑比较凌乱简单。

早期建筑主要由F1～F4构成的1号院落和由F6～F9构成的2号院落组成南北向对称布局的一个两进四合院，中间以F5连接。晚期建筑主要包括影壁2、影壁3、3号院落、4号院落等。

发掘所揭示的遇真宫西宫建筑规模庞大，遗迹丰富，遗迹之间的关系复杂，早期为明初至明末用青石材料修建和扩建的布局规整、等级严格、用料讲究、开阔富丽的明皇家道观，晚期为清至民国年间不断修葺的以青砖为主材料的杂乱无章、建材简化的普通道观。

同时，在早期建筑中，位于西宫南部的由F1～F4构成的1号院落之规模明显大于位于西宫北部的由F6～F9构成的2号院落，这同现存故宫的前后殿

铜像（T4③:5）（摄影：余乐）

建筑的格局极其类似，而根据文献记载遇真宫为明成祖敕建的，与故宫为同时期的建筑群，其建筑风格也相似，故有"北修故宫，南修武当"之说。可以说，通过对遇真宫的发掘不仅对研究武当山古建筑历史提供了具体实例，也为研究明初的古建提供了重要资料，有利于我们更好的研究这两组中国古代历史上最重要的建筑群，并为科学保护遇真宫准备了翔实的资料。

撰稿：孟华平　康豫虎

湖北省南水北调工程文物保护工作大事记
（2003～2007年）

2003年，根据国家文物局和水利部关于做好南水北调中线工程文物保护工作的有关要求，湖北省文物局领导高度重视，成立了南水北调中线工程文物保护工作领导小组，下设办公室（与三峡办公室合署办公），省编办正式批复为常设机构，负责湖北省南水北调文物保护日常工作。

2004年2月，湖北省文化厅成立"南水北调中线工程丹江口水库淹没区湖北省文物保护规划组"，文物局组织省内专业队伍进行了大规模调查、复查工作。确认我省库区共有文物点210处，其中地下文物176处，地上文物34处。在此基础上编制了《文物保护规划》。3月组织有关方面专家评审后，上报国家文物局。4月初，国家文物局在北京召开了"南水北调中线工程文物保护规划论证会"，论证了湖北和河南的文物保护规划。

与此同时，积极同"引江济汉"工程设计单位——湖北省水利水电勘测规划设计院联系，组织力量开展了"引江济汉"工程两个设计线路的文物调查，制定了《"引江济汉"工程文物保护规划报告》。

2004年3月16～18日，国家文物局局长单霁翔率文物保护司司长顾玉才等到我省调研南水北调中线工程文物保护工作，在省政府副省长刘有凡主持召开的南水北调中线工程湖北省文物保护工作会议上，听取了我局关于南水北调中线工程丹江口水库淹没区文物保护规划编制工作情况汇报，以及长江水利委员会、省水利厅、省南水北调办公室关于做好南水北调中线工程丹江口水库淹没区和引江济汉配套工程文物保护的意见。会议对有关问题形成了基本认识，会后以省政府的名义下发了会议纪要。

2004年6～8月，针对丹江口库区文物保护工作时间紧、形势严峻等情况，为争取更多的文物保护工作时间，在国家文物局的大力支持下，湖北省文物局组织湖北省文物考古研究所等单位抢先对淹没区内暴露和面临破坏的丹江口市、郧县等地重点遗址和重点墓地进行抢救性勘探、发掘工作。完成丹江口市熊家庄遗址875平方米的发掘工作。郧县老幸福院墓群抢救性发掘4000平方米，发掘各类墓葬60多座，取得了较好效果。

2004年7月23～25日，国务院南水北调工程建设委员会办公室李铁军副主任一行4人，专程到我省南水北调中线工程丹江口水库考察文物保护工作。在丹江口市召开了湖北省丹江口库区文物保护工作汇报会，会上副省长刘友凡就南水北调中线丹江口水库文物保护工作的有关问题与李铁军副主任交换了意见。

2005年，为做好世界文化遗产——武当山遇真宫的保护工作，省文物局委托清华大学建筑设计研究院编制完成了《遇真宫保护方案可行性研究报告》，对抬升、搬迁、围堰三种方案进行了比选后，上报国务院南水北调办公室。长江水利委员会长江勘测规划设计研究院作为南水北调中线工程的设计部门，也编制完成了一套《丹江口市遇真宫文物保护规划报告》，初步拟定了垫高方案、异地迁建方案和工程防护方案（又分为大防护、小防护和中防护三种方案），并纳入《南水北调中线一期工程文物保护专题报告》中做了比选。2005年8月，我局将清华大学和长江水利委员会设计研究院编制方案一并上报国家文物局，建议尽快组织专家论证。

根据国务院南水北调办公室、水利部和国家文物局关于先期开展丹江口水库淹没区控制性发掘项目的要求，我们对库区一些水位较低、文物价值较高、面临破坏危险的文物点编制了抢救性发掘计划上报。2005年9月，国家发展和改革委员会、国家文物局在石家庄召开控制性项目概算审查会议，审定我省水库淹没区4处文物点纳入控制性项目计划，发掘面积10700平方米，勘探面积120000平方米，文物保护经费518.8万元。我省及时开展了郧县老幸福院墓群等第一批控制性项目的抢救性考古发掘工作。

2005年3月以来，我们积极组织武汉大学、湖北省文物考古研究所开展了抢救性发掘工作。武汉大学承担的郧县辽瓦店子遗址经勘探，埋藏面积达20万平方米以上，时代从新石器一直到汉代，发现有保存较好的夏、商、西周时期的遗存，可望填补这一区域内文化的发展序列。湖北省文物考古研究所承担的丹江口北泰山庙墓群、牛场墓群目前抢救发掘工作进展顺利，已取得一些重要发现。为加强项目管理，提高考古发掘质量和研究水平，5月中旬，我们组织有关专家对发掘项目进行了检查评估，专家组听取了项目领队的工作思路和工作汇报，实地查看了工作现场，形成了评估意见。湖北省南水北调办公室已印发各项目单位和领队，要求按评估意见开展下一步的工作。

为贯彻落实党中央、国务院领导关于南水北调工程文物保护问题的重要批示精神，进一步做好南水北调工程的文物保护工作，2005年5月初，国家文物局单霁翔局长率由国家文物局、水利部调水局、国务院南水北调办公室、全国政协教科文卫委员会等单位人员组成的调研组及新华社、中央电视台等随行媒体记者一行11人，深入湖北丹江口库区调研南水北调中线工程文物保护工作。调研组先后到丹江口大坝、武当山玉虚宫和丹江口市均县镇北泰山庙墓群考古发掘工地考察调研。在武汉与省政府刘友凡副省长一起召开了座谈会，听取了湖北省的文物保护工作汇报，单局长对湖北的工作给予了肯定，指出湖北是南水北调工程文物保护工作的主战场，关系到全局，湖北以往的工作做了很多，效果也很好，接下来的工作还十分艰苦，工作中要强调文物的安全，更要确保人身安全。

2005年9月18～20日，全国政协副主席张思卿率全国政协南水北调工程文物保护调研组对我省南水北调工程文物保护工作进行了调研。张思卿一行视察了丹江口库区、丹江大坝、净乐宫修复现场和武当山文物保护工作，并听取了湖北省南水北调中线工程文物保护工作的汇报。张思卿对湖北省南水北调工程文物保护工作给予充分肯定。他强调，南水北调工程文物保护工作要树立"早保护早主动，晚保护就被动，不保护要误工误事"的意识，各地要把文物保护工作和工程建设摆在同等重要的位置。省委常委、宣传部部长张昌尔，副省刘友凡，省政协副主席张荣国等陪同调研。

为全面配合南水北调中线引江济汉工程建设，系统做好工程沿线的文物保护工作，湖北省文物局编制完成了《南水北调中线引江济汉工程文物保护规划报告》。2005年8月，根据国家水利部调水办公室关于上报引江济汉工程2006年投资建议计划的要求，湖北省文物局结合工程建设部署，依据规划文本编制了2006年地下文物保护投资计划，计划涉及文物保护项目13项，计划进行2万平方米的考古发掘和7.5万平方米考古勘探，经费投资计划近1000万元。

为做好南水北调中线配套工程兴隆水利枢纽工程文物保护工作，根据规划确定的占地范围和省南水北调办公室确定的工作任务，2005年9月湖北省文物局委托湖北省文物考古研究所对工程涉及范围进行了文物调查，依据相关标准编制完成了文物保护规划基础报告。湖北省文物局已审核报告并报送省南水北调办公室，纳入兴隆水利枢纽工程总体可研报告中，以确保工程涉及的文物得到有效保护。

为进一步加强湖北省南水北调中线工程的文物保护与抢救工作，保护历史文化遗产，弘扬民族精神，确保南水北调中线工程建设项目和文物保护工作的顺利实施，2006年9月，省文物局、省移民局、省南水北调办公室联合印发了《湖北省南水北调中线工程文物保护管理暂行办法》，使南水北调工程文物保护工作从一开始就步入规范化管理的轨道。

为调集全国的考古和文物保护力量，支援南水北调工程湖北丹江口库区文物抢救工作，高起点、高水平、高质量做好湖北省库区的文物保护工作，2006年9月18日，省文物局在武汉召开了"全国支援南水北调工程湖北丹江口库区考古工作会议"，全国26家大专院校和科研院所参加了会议，全面启动了湖北省南水北调考古发掘工作，国家文物局文物保护司副司长关强到会并讲话。

为做好南水北调工程文物保护宣传工作，探讨基本建设与文物保护的和谐关系，国家文物局举办了由国内主要新闻媒体参加的大型文物保护宣传活动"文物保护世纪行——南水北调工程文物保护宣传大行动"。2006年9月20日，在此次活动的第一站武汉，召开了湖北省"文物保护世纪行——南水北调工程文物保护宣传大行动"座谈会。国家文物局副局长董保华、文物保护司副司长关强，湖北省委宣传部副部长孙允平、省文化厅厅长杜建国、省移民局局长汪元良及省文化厅副厅长、文物局局长沈海宁参加了座谈会。

2006年11月11~13日，国家文物局专家组徐光冀先生一行6人检查了丹江口市南水北调工程文物整理基地和辽瓦店子遗址等七处考古发掘工地。11月13日下午，省文物局在十堰市召开了"南水北调湖北库区考古工作汇报会"，专家组对湖北省南水北调文物保护工作给予了充分肯定。

2006年12月6日，省文物局召开了由华中师范大学承担开发的《湖北省南水北调中线工程文物保护信息管理系统》成果鉴定会，武汉大学、华中师范大学、湖北省文物保护中心等多家单位的专家学者对该系统进行了论证。与会专家学者一致认为该系统不仅可以很方便地查看每个文物点的详细位置、卫星图、等高线图及各种文字、表格资料，还可以从客观上查看与其他文物点的相对位置关系，可以根据文物分布图进行可视化管理，可按文物点名称和地理定位做双路径检索，有利于文物点的管理工作。

为确保南水北调工程湖北库区大规模文物保护工作的顺利进行，2006年12月7~9日，省文物局会同省公安厅、十堰市文物局对南水北调工程湖北库区文物安全工作进行了全面检查。检查组强调，我省南水北调库区文物保护工作量大、涉及面广，安全问题不容忽视。同时要求有关单位要积极协调、密切配合，加强技防、人防、物防，确保我省南水北调工程文物保护工作中的文物、人员安全。

为规范湖北省南水北调文物保护项目的管理,严肃工作程序,确保文物保护工作质量, 实行发掘工作量现场验收确认制度, 2006年12月17～24日, 湖北省文物局组织由省文物管理委员会、武汉大学、湖北省文物考古研究所、荆州博物馆等单位的专家组成的检查组会同湖北省南水北调地下文物保护项目监理单位中国文物研究所的专家, 对南水北调工程湖北丹江口库区抢救性考古发掘项目进行了检查验收。

2005年湖北省文物考古研究所对郧县老幸福院墓地进行了发掘, 共清理墓葬72座。2007年1月, 南水北调东中线工程第一本考古学专题报告——《郧县老幸福院墓地》由科学出版社正式出版。该书全面、系统地报道了考古人员在郧县老幸福院墓地清理出的30座东周墓葬、38座东汉墓葬, 并推断战国中期晚段至战国晚期晚段此处为楚人墓地, 东汉中期为公共墓地, 为探索郧县地区战国中晚期的政治、经济、文化发展状况及文化属性和东汉中晚期的社会发展状况, 提供了一批难得的实物资料。

为加强对出土文物的监理, 确保考古发掘资料的及时整理研究, 2007年1月, 湖北省文物局投入经费建立的南水北调丹江口市文物整理基地、郧县文物整理基地正式建成并投入使用, 同时湖北省文物局转发了南水北调工程文物整理基地管理办法。

为进一步加强对南水北调文物保护经费的管理, 确保湖北省南水北调中线工程丹江口水库文物保护工作的顺利实施, 2007年4月, 湖北省文物局、移民局联合印发了《湖北省南水北调中线工程丹江口水库文物保护经费使用管理办法(试行)》。

为了全面总结2006年湖北南水北调文物保护工作, 提升文物保护工作水平, 2007年5月29～30日, 湖北省南水北调工程2006年考古发掘工作汇报会在十堰市召开。会议听取了参加湖北省2006年南水北调考古发掘工作各项目领队的工作汇报, 与会专家对开展南水北调湖北丹江口库区科研课题研究的有关情况进行了研讨。此次会议及时总结了我省2006年南水北调考古发掘工作, 梳理了近年来重要考古发现和考古学研究新线索, 加强了考古人员之间的业务交流学习, 明确了今后工作的重点, 研讨并确立了南水北调湖北库区科研课题方向与内容, 对于不断提升湖北省南水北调考古发掘工作质量和研究水平具有重要意义。

2007年7月1日, 国内首家以南水北调命名的博物馆——湖北南水北调博物馆在十堰正式建成并对外开放, "南水北调湖北库区出土文物展"同时展出, 展览分"石器时代——文明的起步"、"夏商周——文明的形成"、"秦汉以降——文明的发展"三个部分, 展览面积约700平方米, 展出2005年以来我省库区出土珍贵文物309件。随着南水北调湖北库区文物保护工作的不断深入和新的考古收获的不断增加, 我们将对展览展示内容进行适时更换, 及时向社会公众汇报湖北省南水北调文物保护工作的成果。

封面设计　刘　远
责任印制　陆　联
责任编辑　张征雁
　　　　　杨新改

图书在版编目（CIP）数据

湖北省南水北调工程重要考古发现　I／湖北省文物局　主编.
北京：文物出版社，2007.11
ISBN 978-7-5010-2297-7

Ⅰ.湖...　Ⅱ.湖...　Ⅲ.考古发现-湖北省-2006　Ⅳ.

K872.63

中国版本图书馆CIP数据核字（2007）第127371号

湖北省南水北调工程重要考古发现　I

湖北省文物局　主编

文物出版社出版发行
　（北京东直门内北小街2号楼　邮编：100007）
　http：//www.wenwu.com
　E-mail:web@wenwu.com
制版　北京圣彩虹制版印刷技术有限公司
印刷　北京圣彩虹制版印刷技术有限公司
经销　新华书店
开本　889 × 1194毫米　1/16
印张　13.5
版次　2007年11月第1版
印次　2007年11月第1次印刷
书号　ISBN 978-7-5010-2297-7
定价　260.00元